OMNE ENS EST ALIQUID

Omne ens est aliquid

Introduction à la lecture
du «système» philosophique
de saint Thomas d'Aquin

Philipp W. ROSEMANN

Préface de

J. ÉTIENNE

*Professeur émérite à l'Université
catholique de Louvain*

ÉDITIONS PEETERS
LOUVAIN-PARIS
1996

Du même auteur

En collaboration avec Werner Welte (†): *Alltagssprachliche Metakommunikation im Englischen und Deutschen.* Francfort sur le Main/Berne/New York/Paris, Peter Lang, 1990. x + 213 pp.

Tabula, éditée in *Opera Roberti Grosseteste Lincolniensis*, vol. 1 (Corpus Christianorum, Continuatio Mediaevalis, 130). Turnhout, Brepols, 1995, pp. 233-320.

«Omne agens agit sibi simile»: A «Repetition» of Scholastic Metaphysics (Louvain Philosophical Studies). Louvain, Leuven University Press, à paraître.

ISBN 2-87723-220-4 (Peeters France)
ISBN 90-6831-814-4 (Peeters Leuven)
D. 1996/0602/38

© Peeters, Bondgenotenlaan 153, B-3000 Leuven

Nulle lecture n'est parfaitement vraie (au sens où la vérité est l'adéquation parfaite de la lecture et de l'œuvre, ou, pour employer des termes modernes, l'objectivité parfaite de la lecture), mais nulle lecture n'est parfaitement fausse; elle est une lecture humaine, partielle et finie. (Michel Corbin)[*]

[*] M. CORBIN S.J., *Le chemin de la théologie chez Thomas d'Aquin* (1974), p. 48.

PRÉFACE

Encore une introduction à saint Thomas, diront les esprits chagrins. Ils auront tort, car les pages qui leur sont offertes possèdent leur originalité. Elles pénètrent directement au cœur de la pensée de Thomas d'Aquin, elles exposent son intuition ontologique centrale, l'idée qu'il se fait de l'être et des êtres, et d'où découle la méthode adéquate pour s'en approcher.

Le texte est l'écho fidèle d'un exposé oral dont il conserve les accents et la familiarité, il donne à entendre le professeur qui met son auditoire en acte de réflexion, qui l'engage dans d'apparentes impasses pour l'amener à surmonter les embûches tant d'un système superbement fermé sur lui-même que du scepticisme stérile et paresseux.

Ne reculant pas devant des formules provocantes, M. Rosemann oblige celui qui accepte de suivre sa démarche exigeante à relever le défi de la pensée. Il nous rend sensibles à l'inadéquation de nos concepts, non pour nous pousser à les abandonner mais pour nous inviter à les affiner le plus possible. Il montre dans le thomisme une pensée mobile, attentive à la complexité vivante du réel, à l'entrecroisement essentiel de ses composantes, il développe une dialectique de la substance et de la relation qui, estime-t-il, trouve son couronnement dans le mystère de la vie trinitaire.

Le texte et les notes témoignent de vastes lectures qui portent non seulement sur l'œuvre de Thomas d'Aquin et de ses interprètes, mais également sur Hegel, Husserl, Heidegger et Lacan.

Comme celle du maître qu'il présente, la méditation de M. Rosemann baigne dans la lumière de Dieu, à la fois abîme où notre esprit éprouve vertigineusement ses limites, et soleil intelligible qui répand sa clarté sur toute chose.

Écrit avec allégresse et non dépourvu d'humour, le livre de M. Rosemann donne le goût de lire saint Thomas et de se lancer, à sa suite, dans la belle aventure de la philosophie.

J. Étienne,
Professeur émérite à l'Université
catholique de Louvain

AVANT-PROPOS

Nous risquons ici une interprétation de la pensée de saint Thomas d'Aquin qui tente de relire celle-ci à la lumière de la philosophie contemporaine. On trouvera les renseignements nécessaires sur les présupposés méthodologiques de cette démarche dans l'Introduction. Nous croyons d'ailleurs présenter, dans ce petit livre, une interprétation profondément thomiste de saint Thomas — ce que l'on ne confondra pas avec une fidélité superficielle.

Si, dans les pages qui suivent, nous avons dû négliger l'évolution de la pensée thomiste, c'est qu'un exposé la prenant en compte aurait requis une étude beaucoup plus fouillée, qui n'aurait pu garder son caractère d'introduction. Nous n'en sommes pas moins conscient de la lacune[1].

«Il est juste, dit saint Thomas lui-même, que nous rendions grâce à ceux qui nous ont aidés dans un bien tellement grand qu'est la connaissance de la vérité»[2]. Car, comme l'ajoute un commentateur récent, «nul ne va à la Vérité sans les autres»[3]. Nous remercions nos étudiants de l'Institut supérieur de philosophie à Louvain-la-Neuve, qui ont suivi le cours sur «Le ~~système~~ de saint Thomas d'Aquin» que nous avons professé au premier quadrimestre

---

[1] À ce sujet, cfr déjà les belles réflexions de Dom O. LOTTIN O.S.B., *Pour un commentaire historique de la morale de saint Thomas d'Aquin* (1939), pp. 284 sq.

[2] «Est autem iustum ut his, quibus adiuti sumus in tanto bono, scilicet cognitione veritatis, gratias agamus» (*In Met.*, lib. II, lect. 1, §288).

[3] M. CORBIN S.J., *Le chemin de la théologie chez Thomas d'Aquin* (1974), p. 7.

de l'année académique 1995-96. Leur enthousiasme et leurs réflexions, parfois critiques, ont été pour nous une inspiration précieuse dans l'élaboration du présent travail. De même, nous tenons à remercier très chaleureusement M. le Chanoine Jacques Étienne, Professeur émérite à l'Université catholique de Louvain, qui a bien voulu relire notre texte et nous faire part de nombre de remarques critiques très détaillées qui nous ont permis de mettre au point notre argumentation. Nous savons aussi gré à M. Étienne d'avoir accepté de rédiger la Préface. Nos collègues et amis MM. Olivier Depré et Jacques Follon ont lu notre manuscrit et ont attiré notre attention sur un certain nombre de fautes que nous avons pu éliminer avec leur aide.

Louvain-la-Neuve, le 28 janvier 1996   P.W.R.

TABLE DES ABRÉVIATIONS BIBLIOGRAPHIQUES*

Ed. leon.	*Editio leonina*

Les titres des œuvres suivantes de saint Thomas sont cités en abréviation:

S. T.	*Summa theologiae*
Qu. disp.	*Quaestiones disputatae*
Super ev. S. Ioan.	*Super evangelium S. Ioannis lectura*
In Sent.	*Commentum in IV libros Sententiarum Magistri Petri Lombardi*
In Met.	*In XII libros Metaphysicorum Aristotelis expositio*
In De trin.	*Super Boetium De trinitate*
In De ebdom.	*Expositio libri Boetii De ebdomadibus*
In De div. nom.	*In librum beati Dionysii De divinis nominibus expositio*

Note: en citant les textes de saint Thomas, nous nous tenons toujours à l'orthographe de l'édition utilisée dans chaque cas. On ne s'étonnera donc pas de trouver des «Aristoteles», «hae», «sed», «verba»… dans un extrait cité d'après une édition ancienne, à côté des «Aristotiles», «hee», «set», «uerba»… dans un extrait provenant d'un volume récent de l'édition léonine.

* La Bibliographie fournit les renseignements bibliographiques complets pour chacun des titres indiqués dans cette table.

INTRODUCTION

RAYNALDE, NON POSSUM.
LA MÉTHODE SCOLASTIQUE
CHEZ SAINT THOMAS D'AQUIN

> Je crois qu'il vaut mieux essayer de concevoir que,
> au fond, quelqu'un qui est écrivain ne fait pas sim-
> plement son œuvre dans ses livres, dans ce qu'il
> publie, et que son œuvre principale, c'est finalement
> lui-même écrivant ses livres. Et c'est ce rapport de
> lui à ses livres, de sa vie à ses livres, qui est le point
> central, le foyer de son activité et de son œuvre. La
> vie privée d'un individu (…) et son œuvre sont
> lié[e]s entre [elles], non pas parce que l'œuvre tra-
> duit la vie (…), mais parce qu'elle comprend la vie
> aussi bien que le texte. L'œuvre est plus que l'œuvre:
> le sujet qui écrit fait partie de l'œuvre. (Michel Fou-
> cault)[1]

La vérité, fin de la philosophie

Raynalde, non possum. «Je ne peux pas.» Voilà les mots sur
lesquels s'achève l'œuvre de saint Thomas d'Aquin.
Lorsque son confrère Réginald de Piperno lui pose la
question de savoir pourquoi il a déposé la plume, et ceci
sans avoir terminé la rédaction de la *Somme théologique*,
son chef-d'œuvre et un des plus imposants systèmes philosophiques et théologiques de tous les temps, Thomas

---

[1] M. FOUCAULT, *Dits et écrits* (1994), t. IV, pp. 606 sq.

d'Aquin lui répond simplement: «Je ne peux pas.» Un peu plus tard et seulement après avoir été pressé par son ami Réginald, il ajoute encore que tout ce qu'il a écrit lui paraît «comme de la paille» par rapport à ce qui lui a été révélé: *Omnia que scripsi videntur michi palee respectu eorum que vidi et revelata sunt michi.* Révélé? Thomas d'Aquin avait eu une vision mystique. Il meurt quelques mois plus tard, le 7 mars 1274, sans jamais avoir repris son travail intellectuel[2].

Que signifie cette histoire? D'abord, sans doute, qu'il n'y a pas de «système» thomiste, au sens strict d'un «ensemble (…) constituant un tout organique»[3]. Le «système» de saint Thomas, tel que ce dernier lui a donné forme surtout dans la *Somme théologique*, n'est pas un «tout organique», parce qu'un «vrai» achèvement lui manque. Il s'achève sur ce non-achèvement qu'est «je ne peux pas».

---

[2] Ce paragraphe est basé sur le récit que nous fournit Barthélemy de Capoue (1248-1326) des derniers mois de la vie de saint Thomas, récit qui remonte à Réginald de Piperno lui-même: cfr D. PRÜMMER O.P./M.-H. LAURENT O.P. (éds), *Fontes vitae S. Thomae Aquinatis* (s.d.), pp. 376 sq. Cfr aussi J.A. WEISHEIPL O.P., *Thomas d'Aquin* (1993), pp. 352-355 et J.-P. TORRELL O.P., *Initiation à saint Thomas d'Aquin* (1993), pp. 423-432. Sur le sens de l'histoire, on pourra lire avec profit: J. Pieper, *Philosophia negativa* (1953), p. 66; J. LACAN, *Proposition du 9 octobre 1967* (1968), p. 25; J.D. CAPUTO, *Heidegger and Aquinas* (1982), pp. 246-287; W.J. RICHARDSON, *«Like Straw»* (1992).

[3] Cfr *Petit Robert* (1990), s.v. «système», II. Il est intéressant de noter, comme l'a fait récemment A. de Libera, que le grand médiéviste Étienne Gilson changea le sous-titre de son ouvrage *Le thomisme*, qui dans la première édition de 1920 était *Introduction au système de saint Thomas d'Aquin*, en *Introduction à la philosophie de saint Thomas d'Aquin* dans des éditions ultérieures. «Aborder (…) saint Thomas d'Aquin, c'est renoncer au plaisir de jouir de la doctrine toute faite pour la confronter à l'opacité du réel qu'elle élucide», Gilson expliqua sa décision (4ᵉ éd. de 1942, p. 7; cfr A. DE LIBERA, *Les études de philosophie médiévale en France d'Étienne Gilson à nos jours* [1991], p. 32).

Mais dans l'histoire des derniers mois de la vie de saint Thomas, il ne s'agit pas simplement de constater que le «système» thomiste est resté inachevé et, peut-être, de se poser la question de savoir quel est le sens de cet inachèvement dans le cadre du projet rationnel de l'Aquinate. Prise au sérieux, cette histoire met en doute la valeur de la pensée thomiste tout entière. Saint Thomas n'a-t-il pas lui-même dit que tout ce qu'il avait écrit lui paraissait «comme de la paille»? Pourquoi étudier la pensée d'un auteur qui avoue lui-même que ses idées sont dénuées de valeur?

Il faut commencer par une distinction. Saint Thomas n'a pas dit que tout ce qu'il avait écrit lui paraissait comme de la paille, mais plutôt que tout ce qu'il avait écrit lui paraissait comme de la paille *par rapport à* ce qui lui a été révélé. C'est quand même autre chose. Thomas se refuse à continuer son travail intellectuel[4], ou il n'en est plus capable, après une expérience mystique dans laquelle — toute la tradition le présume — il a vu Dieu. C'est la réalité de Dieu qui barre, pour ainsi dire, le système thomiste; c'est en comparaison de la réalité divine que tous les efforts intellectuels perdent leur intérêt et leur valeur aux yeux du saint docteur. Étant donné cependant qu'en un sens la pensée thomiste n'a qu'un seul objet et que cet objet est précisément Dieu, son insuffisance justement par rapport à *cet* objet est grave...

Oui et non. Même si le «système» thomiste est un système «barré» — un «~~système~~», si l'on veut —, c'est-à-dire une pensée qui reconnaît son incapacité à dire le fin mot sur son objet, voire de parler de cet objet adéquatement, ce

---

[4] En effet, il serait plus juste de parler de «travail rationnel» — nous verrons plus tard pourquoi. N'y insistons pourtant pas dans le présent contexte.

n'est pas un système qui ne pourrait pas nous amener à la
vérité. N'oublions pas que c'est seulement à la *fin* de ses
efforts intellectuels que saint Thomas s'en retire. Tout se
passe comme si son silence était le *résultat* de son ardente
activité littéraire, comme si le silence était le «sens» profond
du langage thomiste.

Voilà un paradoxe, qu'on pourrait aussi formuler
comme suit: la vérité est la *fin* de la pensée thomiste.
Comme toute philosophie (et théologie) digne de ce nom,
le système de saint Thomas s'efforce de conduire à la
vérité ceux qui y entrent. La vérité est alors la «fin» de
cette philosophie, au sens d'être son but et sa visée. Or si
la vérité s'avère ultimement être Dieu, et que la réalité de
ce dernier révèle le caractère fragmentaire, voire l'inapti-
tude de toute philosophie, alors la vérité est aussi la «fin»
de la philosophie, au sens d'être son terme et (même) sa
ruine.

L'histoire par laquelle nous avons commencé le présent
chapitre contient en germe — nous le verrons — toute la
pensée de saint Thomas d'Aquin. Elle nous enseigne que la
philosophie est toujours en route, toujours inachevée[5]. La
philosophie est un non-savoir qui, quand il devient savoir,
ne sait plus se dire. Comme telle, la philosophie est une
tâche nécessaire, mais aussi tragique, et surtout *une tâche
profondément humaine*. Au vrai, la philosophie œuvre à sa
propre disparition — comme l'homme, qui, *in hoc statu
miseriae*, est appelé à mourir à la vie pour vivre dans la
mort.

---

[5] À ce sujet, cfr les belles réflexions de J. PIEPER, *Verteidigungsrede für die
Philosophie* (1995), pp. 119 sqq.

Une tâche difficile: saisir la vérité des choses («veritas rerum») dans et à travers l'histoire de la pensée («quid homines senserint»)

Interrogeons-nous maintenant sur la structure du ~~système~~ thomiste, c'est-à-dire d'un ~~système~~ qui tient compte de l'inachèvement essentiel de toute pensée humaine, ainsi que de son statut nécessairement provisoire. Un tel ~~système~~ doit être foncièrement «ouvert», c'est-à-dire prêt à accueillir une vérité qui le transcende et le défait, et ceci tout en cheminant résolument vers cette même vérité par tous les moyens dont il dispose — qui sont ceux de la systématicité. Or la systématicité semble exiger — le mot même l'implique — une structure «constituant un tout organique», une certaine totalité, en un mot: un certain repli sur soi. Quelle est donc la méthode mise en œuvre par saint Thomas pour produire cette paradoxale «totalité non totalisante» qui semble être requise par le ~~système~~?

La littérature thomiste se plaît à citer souvent une phrase dès lors devenue célèbre qu'on lit dans le commentaire de saint Thomas sur l'écrit aristotélicien *Du ciel*:

(T1) L'étude de la philosophie n'a pas pour but de nous faire savoir ce que les hommes ont pensé (*quid homines senserint*), mais ce qu'il en est de la vérité des choses (*veritas rerum*)[6].

«Pourquoi étudier la philosophie si son seul fruit était quelque enseignement sur les opinions qu'on peut historiquement relever chez tel ou tel grand penseur?», semble dire l'Aquinate. Et il proteste: la philosophie ne se laisse pas réduire à son histoire; ce qui nous intéresse, en effet, ce ne

---

[6] «Studium philosophiae non est ad hoc quod sciatur quid homines senserint, sed qualiter se habeat veritas rerum» (*In De caelo*, livre I, cap. 10, lect. 22, §8; *Ed. leon.* III: 91).

sont pas les belles théories d'un Aristote, d'un Platon ou d'un Plotin[7], c'est la vérité elle-même. Même dans la théologie, qui pourtant se trouve beaucoup plus que la philosophie dans la nécessité d'user des autorités historiques, l'enseignement ne doit pas ramener les questions traitées à leur seule dimension historique:

> (T2) Si un maître, fait observer Thomas dans un *Quodlibetum* théologique, résout une question seulement en citant des autorités, son auditeur sera certes assuré que les choses se présentent ainsi [dans la perspective dogmatique], pourtant il n'acquerra aucun [vrai] savoir et aucune [vraie] compréhension et s'en ira les mains vides[8].

Néanmoins, le même Thomas d'Aquin qui semble ici défendre le principe du retour «aux choses elles-mêmes», est aussi l'auteur de quinze commentaires littéraux sur diverses œuvres d'Aristote, de Boèce et du Pseudo-Denys, aussi bien que d'un commentaire sur le *Livre des causes*. Le même Thomas d'Aquin d'après lequel «l'étude de la philosophie n'a pas pour but de nous faire savoir ce que les hommes ont pensé» a donc, dans une bonne partie de sa production littéraire, justement fait cela: en commentant méticuleusement les mots des «autorités», il a essayé de nous faire mieux comprendre ce que celles-ci ont enseigné.

Qui plus est, les écrits de Thomas témoignent d'un sens historique souvent remarquable. Par exemple, le Docteur angélique est le premier auteur médiéval qui ait discerné la vraie provenance du *Livre des causes*, une compilation de textes puisés chez Proclus, mais qui au moyen âge

---

[7] On pourrait ajouter: ou d'un saint Thomas d'Aquin...

[8] «(...) si nudis auctoritatibus magister quaestionem determinet, certificabitur quidem auditor quod ita est, sed nihil scientiae vel intellectus acquiret et vacuus abscedet» (*Quodlibetum* IV, qu. 9, art. 18, c).

était censé être de la plume du Stagirite lui-même. Voici l'impeccable argumentation par laquelle saint Thomas établit l'inauthenticité du *Livre des causes*, en invoquant des raisons qui ont trait à la fois à son histoire littéraire et à son contenu:

(T3) En effet, certains de ces premiers principes [auxquels Thomas vient de faire allusion] ont été rassemblés et distingués selon différentes propositions, à la manière de gens qui considèrent une à une certaines vérités. Il y a, d'une part, en grec un livre transmis avec ces caractéristiques qui est de Proclus le platonicien et qui contient 211 propositions, s'intitulant *Les éléments de théologie*. D'autre part, le présent livre, qui chez les Latins est appelé *Des causes*, existe en arabe, et il est sûr qu'il a été traduit de l'arabe et n'existe point en grec. Il semble dès lors qu'il ait été compilé par un des philosophes arabes sur la base dudit livre de Proclus, surtout parce que tout ce qui est contenu dans le présent livre, est contenu beaucoup plus complètement et beaucoup plus amplement dans celui-là[9].

---

[9] «Inveniuntur igitur quaedam de primis principiis conscripta per diversas propositiones distincta, quasi per modum sigillatim considerantium aliquas veritates. Et in graeco quidem invenitur sic traditus *liber Proculi platonici continens CCXI propositiones*, qui intitulatur 'Elementatio Theologica'. In arabico vero invenitur hic liber qui apud latinos 'de causis' dicitur quem constat de arabico esse translatum et in graeco penitus non haberi. Unde videtur ab aliquo Philosophorum arabum ex praedicto libro Proculi excerptus, praesertim quia omnia quae in hoc libro continentur, multo plenius et diffusius continentur in illo» (*In De causis expositio*, Prooemium, §9). Cfr aussi les remarques que le P. H.-D. SAFFREY fait dans la préface de son édition, *Sancti Thomae de Aquino super Librum de causis expositio* (1954), p. xxiv. Le P. Chenu nous fournit d'autres précieux exemples de l'intérêt porté par saint Thomas à l'objectivité des données historiques: cfr *Introduction à l'étude de saint Thomas d'Aquin* (réimpr. 1984), pp. 126-128.

Il doit être admis qu'il y a une apparente contradiction entre, d'une part, l'intérêt que Thomas d'Aquin prend à la teneur des textes historiques et même à leur origine et, d'autre part, son affirmation que la philosophie n'aurait pas à s'occuper de *quid homines senserint*. Mais cette contradiction n'est qu'apparente. Pour la mieux comprendre, une brève digression historique s'avérera utile.

L'opposition entre la philosophie et son histoire est, en effet, un des problèmes clés non seulement de la pensée thomiste, mais de la scolastique médiévale tout entière[10]. À la réflexion, cela n'a rien d'étonnant. Car les philosophes scolastiques étaient des chrétiens; or pour le chrétien, le plus grand défi qui ait jamais été lancé à l'intelligence humaine — et donc à la philosophie — est un événement inscrit dans l'histoire: nous parlons évidemment de l'Incarnation. Certes, l'Incarnation n'est pas un défi à la raison au sens où elle serait irrationnelle, mais elle n'est pas non plus réductible à la raison; et cela non seulement à cause de l'impossibilité de comprendre Dieu et de comprendre comment Dieu a pu devenir homme, mais aussi à cause de sa *facticité*: car un événement se présente à la raison pour être interprété et pénétré par elle, sans pourtant en être le *produit*. L'Incarnation garde donc toujours une transcendance vis-à-vis de la pensée; en tant que fait inscrit dans l'histoire, une autorité lui revient qui surpasse l'ordre de la raison.

Déjà pour les premiers Pères de l'Église, comme d'ailleurs pour tous ceux qui n'ont pas été des témoins de la Résurrection ou d'autres événements dans la vie du Christ attestant sa divinité, l'autorité de cet événement qu'est l'Incarnation ne s'impose plus de façon immédiate; pour eux,

---

[10] Pour les trois paragraphes qui suivent, cfr notre article *Histoire et actualité de la méthode scolastique* (1994), pp. 96-98.

l'expérience directe des apôtres est médiatisée par le Nouveau Testament, donc par un texte. C'est maintenant un texte qui fait autorité, et celui-ci conserve des données positives, historiques, au regard desquelles la raison commence à ressentir la nécessité d'opérer une réconciliation avec ses propres exigences spéculatives: le texte n'est pas toujours sans ambiguïtés, il semble parfois se contredire ou même contredire la réalité comme la raison l'interprète. De ce dynamisme, qui joue entre l'autorité d'un texte et les revendications de la raison, naissent d'autres textes, par exemple les décisions des conciles ou les écrits des Pères de l'Église. Ces textes eux-mêmes, surtout ceux des conciles, revendiqueront aussitôt une autorité. De la sorte, la période patristique a inauguré une dialectique féconde entre l'*auctoritas* des textes et la *ratio*. Martin Grabmann a magistralement montré, dans son *Histoire de la méthode scolastique*[11], que la force motrice animant tout le mouvement philosophique et théologique des époques patristique et médiévale fut le souci de trouver une méthode qui pourrait réconcilier la *ratio* avec l'*auctoritas,* tout en respectant les lois propres à ces deux domaines[12].

[11] *Geschichte der scholastischen Methode*, 2 t. (réimpr. 1988).
[12] Cette définition de la scolastique a d'ailleurs été reprise par le P. CHENU, qui écrit dans son *Introduction à l'étude de saint Thomas d'Aquin* (1984), p. 55: «C'est là, pensons-nous, dans sa structure mentale et littéraire, le trait décisif de la scolastique, en philosophie comme en théologie: forme rationnelle de pensée qui s'élabore consciemment et volontairement à partir d'un texte estimé comme faisant autorité.» Ce type formel de définition, qui essaie de saisir l'essence de la scolastique à partir de sa méthode, s'oppose aux définitions doctrinales, comme par exemple la tentative de Maurice De Wulf pour isoler un «patrimoine doctrinal» qui aurait été commun aux grands penseurs du moyen âge (et en particulier du XIIIᵉ siècle). Cfr à ce propos M. DE WULF, *Y eut-il une philosophie scolastique au moyen âge?* (1927). Les deux approches ont récemment été critiquées par R. SCHÖNBERGER, *Was ist Scholastik?* (1991). Mais le travail de

La différence la plus significative qui se fait sentir entre les méthodes patristique et scolastique — à part la plus grande maturité de cette dernière — réside peut-être dans la quantité de textes qui étaient reconnus comme «authentiques» (*authentici*) au moyen âge. Saint Anselme, le «père de la scolastique», comme l'appelle Grabmann[13], distingue déjà quatre types de textes qui, pour lui, font autorité, à savoir l'Écriture sainte, les décisions dogmatiques de l'Église, les œuvres des Pères et, finalement, les écrits des philosophes. Car, dit-il, il serait «impudent de rejeter l'autorité des philosophes» dans le domaine des problèmes qui les concernent[14]. À ces quatre catégories s'ajouteront encore, dès le troisième quart du XIIᵉ siècle, les *sententiae modernorum magistrorum*, ou opinions des maîtres éminents de l'École[15]. Il n'est pas exagéré de dire que dans le haut moyen âge tout texte appartenant à la tradition intellectuelle connue par les médiévaux jouissait d'une certaine autorité. Évidemment, la Bible ou les Pères exerçaient plus d'ascendant que, disons, Avicenne ou Averroès, mais ceux-ci étaient aussi des autorités.

Schönberger souffre du fait que l'auteur ne considère pas la définition proposée par le P. Chenu et qu'il a mal compris celle de Grabmann: car cette dernière ne se réfère pas exclusivement à la théologie, comme Schönberger semble le croire (cfr pp. 32 et 48 de son livre).

[13] *Geschichte der scholastischen Methode* (1988), t. 1, p. 258.

[14] «Quod vero grammaticus sit qualitas, aperte fatentur philosophi qui de hac re tractaverunt. *Quorum auctoritatem de his rebus est impudentia improbare*» (*De grammatico*, [1]; éd. Schmitt, t. I, p. 146, ll. 1-3). Sur l'autorité de l'Écriture sainte, voir surtout *De concord. praesc.*, III [6]; II 271, 26-272, 7. Sur l'Église: *Ep. de incarn. verbi*, c. 1; II 6, 10-7, 4. Sur les Pères: *Cur deus homo, commendatio*; II 39, 2-40, 12.

[15] Cfr M.-D. CHENU O.P., *Introduction à l'étude de saint Thomas d'Aquin* (1984), pp. 113 sqq. Dans le présent contexte, l'entièreté du chapitre IV («Les procédés de documentation») de cet ouvrage classique mérite d'être relue.

Nous comprenons mieux maintenant pourquoi une tension se fait sentir dans l'œuvre de Thomas d'Aquin entre la «vérité des choses» (*veritas rerum*) et l'«opinion des hommes» (*quid homines senserint*). L'Aquinate ne peut rejeter ni l'une ni l'autre. Réduire la philosophie à l'étude des autorités historiques reviendrait à sacrifier les droits de la raison; toutefois il n'est pas admis non plus d'ignorer l'histoire, dont la dignité et l'autorité dérivent de ceci, qu'en elle la Vérité a parlé… Il s'agira donc pour saint Thomas de *saisir la vérité des choses («veritas rerum») dans et à travers l'histoire de la pensée («quid homines senserint»)*. Comme nous venons de le voir, il n'est pas le premier des médiévaux qui ait dû se consacrer à cette tâche, mais sa solution, ou la forme que revêt chez lui la méthode scolastique, représente, en un sens, le point culminant des efforts précédents.

La voie: un effort «collectif» («collectio»)

Que les relations entre la vérité et l'histoire de la pensée ne soient pas tout à fait extérieures; que, par contre, la recherche de la vérité doive se faire *à travers* l'étude de l'histoire, saint Thomas ne le justifie pas en invoquant la foi chrétienne, à l'instar de la démarche que nous avons utilisée dans la section précédente pour élucider le contexte historique et les origines de la méthode scolastique. Thomas, en effet, raisonne comme suit.

D'une part, en tant qu'être doué d'intelligence, l'homme est pour ainsi dire structurellement «dans la vérité» — en ce sens que l'être est «là» pour l'homme dès que ce dernier commence à penser. Encore que l'évidence de l'être n'admette aucun doute (car la nier équivaudrait à maintenir que ce qui est, n'est pas), elle ne saurait être logiquement «démontrée», puisque le principe de contradiction se fonde sur elle:

(T4) En effet, ce qui tombe dans l'appréhension en premier lieu est l'être (*ens*), dont la saisie est incluse dans tout ce que quelqu'un appréhende. Dès lors, le premier principe indémontrable est qu'il n'est pas possible d'affirmer et de nier en même temps [une même chose], ce qui se fonde sur la nature de l'être et du non-être (*rationem entis et non entis*). Sur ce principe tous les autres sont basés, comme dit le livre IV de la *Métaphysique*[16].

On comprend dès lors l'affirmation de saint Thomas selon laquelle «aucun être humain n'est privé de la vérité au point qu'il n'en connaisse rien[17]». C'est que tout être humain a, en tant que tel, part à la vérité de l'être[18].

D'autre part, toute connaissance particulière ne participe pas de l'évidence dont jouit la présence de l'être. Dans la mesure où la raison descend dans les principes secondaires qui découlent du principe de contradiction et, surtout, dans la mesure où elle subsume des données particulières sous ces principes, le risque d'errer ne cesse de croître[19]. C'est pourquoi «nul homme ne peut atteindre à une connaissance parfaite de la vérité»[20]. La possibilité d'errer ne peut être éliminée de l'existence humaine.

---

[16] «Nam illud quod primo cadit in apprehensione, est ens, cuius intellectus includitur in omnibus quaecumque quis apprehendit. Et ideo primum principium indemonstrabile est quod *non est simul affirmare et negare*, quod fundatur supra rationem entis et non entis: et super hoc principio omnia alia fundantur, ut dicitur in IV *Metaphys.*» (*S.T.* I^{a}II^{ae}, qu. 94, art. 2, c; *Ed. leon.* VII: 169 sq.).

[17] «Nullus homo est ita expers veritatis, quin aliquid de veritate cognoscat» (*In Met.*, lib. II, lect. 1, §275).

[18] Cfr M. HEIDEGGER, *Sein und Zeit* (1979), §4, p. 12: «*Seinsverständnis ist selbst eine Seinsbestimmtheit des Daseins.*»

[19] Cfr *S.T.* I^a, qu. 82, art. 2.

[20] «Nullus homo veritatis perfectam cognitionem adipisci [potest]» (*In Met.*, lib. II, lect. 1, §275).

Or si c'est comme cela que les choses se présentent — si, en d'autres termes, tout être humain est à la fois structurellement «ouvert» à la vérité et incapable de saisir celle-ci parfaitement et exhaustivement —, alors pourquoi ne pas combiner les vérités partielles auxquelles les individus peuvent accéder, pour en construire quelque chose de plus grand? C'est justement la tâche que saint Thomas s'assigne comme principe méthodologique de sa propre pensée:

> (T5) (…) encore que ce qu'un seul homme peut apporter (*immittere vel apponere*) à la connaissance de la vérité par sa propre recherche et par son propre talent soit quelque chose de petit en comparaison de la considération totale de la vérité, néanmoins ce qui est produit par la réunion de toutes les choses «coarticulées» (*coarticulatis*)[21], c'est-à-dire recherchées et rassemblées (*exquisitis et collectis*), devient quelque chose de grand[22].

Aussi la recherche de la vérité de l'être (*veritas rerum*) qui est la tâche de la philosophie devient-elle synonyme d'un effort pour *unifier* le savoir humain:

> (T6) (…) tandis que chacun des prédécesseurs a découvert quelque élément de la vérité, les produits de tous ces efforts rassemblés dans *un* savoir (*simul in*

---

[21] Un terme qui se trouve dans la traduction latine de la *Métaphysique* (celle de Guillaume de Moerbeke) que Thomas d'Aquin avait sous les yeux en commentant le texte du Stagirite. «Coarticulatis» représente, en effet, la traduction du mot grec συναθροιζομένων.

[22] «(…) licet id quod unus homo potest immittere vel apponere ad cognitionem veritatis suo studio et ingenio, sit aliquid parvum per comparationem ad totam considerationem veritatis, tamen illud, quod aggregatur ex omnibus 'coarticulatis', idest exquisitis et collectis, fit aliquid magnum (…)» (*In Met.*, lib. II, lect. I, §276).

unum collectum) conduiront la postérité à une grande connaissance de la vérité[23].

Saint Thomas cherche donc une certaine unité dans le savoir humain — surtout dans la philosophie et dans la théologie —, si bien que le *consensus omnium*, l'accord entre les différents penseurs et autorités, devient dans sa pensée un des plus importants critères de la vérité. Comme Aristote avant lui, le saint docteur est convaincu que «ce qui semble être le cas à tous, de cela nous disons qu'il en est ainsi» — car, poursuit-il, «il n'est pas possible que le jugement naturel se trompe en tous»[24]. D'après Thomas d'Aquin, l'ouverture de l'homme à l'être et l'obscurcissement inévitable de l'être par la raison nécessite un effort «collectif» — au sens étymologique du terme, où *colligere* signifie «rassembler». La vérité, comprise comme ἀλήθεια, est intimement liée au λόγος — et, dès lors, à l'unité (ἕν)[25].

Le rassemblement (*collectio*) des différentes opinions dans un «système» qui à la fois englobe et transcende (*aufheben*, dirait un hégélien) tous les points de vue particuliers, voilà certes une belle théorie; seulement ce projet n'est-il pas tout à fait illusoire? Comment concilier le platonisme avec l'aristotélisme, l'enseignement biblique avec la tradition grecque, l'augustinisme avec l'averroïsme — pour ne mentionner

---

[23] «(…) dum unusquisque praecedentium aliquid de veritate invenit, simul in unum collectum, posteriores introducit ad magnam veritatis cognitionem» (*ibid.*, §287).

[24] «Illud enim quod videtur omnibus dicimus ita se habere et hoc habetur quasi principium quia non est possibile quod naturale iudicium in omnibus fallat» (*Sententia libri Ethicorum*, lib. X, cap. 2; *Ed. leon.* XLVII, 2: 556). Sur le *consensus omnium* dans la pensée antique et patristique, on pourra se renseigner dans l'intéressant travail de K. OEHLER, *Der Consensus omnium als Kriterium der Wahrheit* (1961).

[25] Λόγος est, bien entendu, le substantif de λέγειν, verbe qui signifie en premier lieu «rassembler».

que quelques-uns des courants auxquels Thomas d'Aquin se trouvait confronté au XIIIe siècle? Quels mécanismes concrets auraient permis à l'Aquinate de synthétiser tous ces contraires, et comment? Eh bien, examinons un exemple.

La structure de la «collectio» et la méthode scolastique: un exemple

Dans le livre II (distinction 9, question 1, article 2) de son commentaire sur le *Livre des Sentences* de Pierre Lombard, saint Thomas traite d'un problème théologique assez subtil. En fait, il s'agit de la question de savoir si un ange peut «purger» (*purgare*) un autre, c'est-à-dire s'il peut purifier l'âme de l'autre et ainsi l'aider à se rendre plus semblable à Dieu. Ce n'est pas là une problématique philosophique de prime importance, admettons-le — mais la structure de l'argumentation de saint Thomas nous apprendra beaucoup sur le fonctionnement de sa méthode «collective».

Puisqu'un ange n'est en mesure de purger un autre que s'il peut l'éclairer davantage sur la nature de Dieu, ou l'«illuminer», l'*ad tertium* de l'article étudie le problème de savoir si les anges peuvent s'illuminer les uns les autres:

> (T7) Concernant cette question, certains (*quidam*[26])
> ont énoncé des opinions contraires. Certains ont dit,
> en effet (*quidem enim dixerunt*), que les anges
> inférieurs ne peuvent jamais voir l'essence de Dieu;
> que, cependant, par une illumination provenant des

---

[26] Le fameux *quidam* des scolastiques représente une manière conventionnelle de se référer à des autorités ecclésiastiques ou séculières sans les identifier par leurs noms propres. Cette convention présente l'avantage de rendre la discussion moins personnelle et sans doute plus objective. Elle permet également une certaine schématisation d'opinions que parfois personne n'a défendues historiquement.

anges supérieurs, qui Le voient immédiatement, ils
pourraient atteindre à la connaissance de Dieu —
opinion qui est démentie (*cui obviat*) par ce qui est dit
en Matthieu 18,10: «leurs anges voient toujours le
visage de mon Père», où il est question des anges
d'ordre inférieur, qui ont pour mission de garder les
hommes. D'autres, par contre, disent (*alii vero e
contrario dicunt*) que tous les anges reçoivent
immédiatement une illumination par Dieu. Ainsi
nient-ils que les anges inférieurs sont illuminés par les
supérieurs — et ils nient aussi tout (*negantes totum*) ce
que Denys nous transmet (*tradit*) sur les anges,
enseignement qui est prouvé par les autorités de
l'Écriture sainte et qui est en accord avec la doctrine
des philosophes. Dès lors, en choisissant la voie
moyenne, nous disons (*mediam viam eligentes, dicimus*)
que d'une part (*quidem*) tous les anges voient
immédiatement l'essence de Dieu, d'où ils sont
bienheureux; cependant il n'est pas nécessaire (*sed non
est necessarium*) que celui qui voit une cause, voie tous
ses effets, à moins qu'il ne la comprenne selon toute sa
puissance, à l'instar de la manière dont Dieu connaît
tout en se comprenant Lui-même. En revanche,
chacun des autres êtres qui ne Le comprennent pas en
Le voyant, connaît plus de choses en Lui dans la
mesure où il Le saisit plus pleinement par la jouissance
de la gloire — à l'instar de la façon dont celui qui
possède un meilleur intellect peut tirer davantage de
conclusions des principes spéculatifs. Dès lors, les
anges supérieurs illuminent et instruisent les inférieurs
quant à ces effets divins ayant trait à l'état de la nature
et de la grâce lesquels sont dispensés par l'office des
anges — comme il ressort expressément (*ut expresse
habetur*) du livre VII de la *Hiérarchie céleste* et du
début du livre IV des *Noms divins*[27].

---

[27] «(…) circa hoc contrarie quidam opinati sunt. Quidam enim dixerunt,

Résumons[28]. Concernant la question de savoir s'il y a illumination mutuelle entre les anges, «certains ont énoncé des
opinions contraires», déclare saint Thomas; car «certains
ont dit» que les anges inférieurs, qui ne peuvent jamais eux-
mêmes atteindre à la vision de l'essence de Dieu, parvien-
nent toutefois à Le connaître par l'intermédiaire d'une illumination qui leur provient des anges supérieurs. Or cette
opinion n'est pas acceptable, puisqu'elle contredit ce qui est
affirmé en Matthieu 18,10 au sujet de la vision béatifique
des anges gardiens. Thomas passe donc à l'examen de la
doctrine contraire («d'autres, par contre, disent»), selon
laquelle tous les anges seraient illuminés directement par
Dieu, les anges inférieurs n'ayant de la sorte aucun besoin
d'être illuminés par les supérieurs. Mais cette théorie n'est
pas acceptable non plus, parce que ses défenseurs se trouvent en contradiction avec l'enseignement de Denys en la

Angelos inferiores nunquam essentiam Dei videre; sed per illuminationem
superiorum, qui eum immediate vident, Dei notitiam capere: cui obviat
quod dicitur Matth. 18, 10: *Angeli eorum semper vident faciem Patris mei;*
ubi loquitur de Angelis inferioris ordinis, hominibus ad custodiam deputa-
tis. Alii vero e contrario dicunt, Angelos omnes immediate a Deo illuminationem recipere, negantes inferiores a superioribus illuminari, et negantes
totum hoc quod Dionysius de Angelis tradit auctoritatibus sacrae Scripturae
probatum, et consonum philosophorum doctrinae. Unde mediam viam eligentes, dicimus, omnes quidem Angelos essentiam divinam immediate
videre, ex quo beati sunt; sed non est necessarium quod qui videt causam,
videat omnes ejus effectus, nisi ipsam secundum totam potentiam compre-
hendat; sicut Deus seipsum comprehendens, omnia cognoscit; aliorum
autem qui ipsum videndo non comprehendunt, unusquisque tanto plura in
eo cognoscit, quanto ipsum plenius capit fruitione gloriae; sicut etiam ex
principiis speculativis qui melioris intellectus est, plures conclusiones elicere
potest. Unde in his divinis effectibus pertinentibus ad statum naturae vel
gratiae, quae per Angelorum officia dispensantur, superiores inferiores illu-
minant et instruunt, ut expresse habetur in 7 caelest. Hier., et in principio
4 de divinis Nominibus» (*In Sent.*, lib. II, dist. 9, qu. 1, art. 2, ad 3).

[28] Pour l'analyse qui suit, cfr P.W. ROSEMANN, *Histoire et actualité de la
méthode scolastique* (1994), surtout pp. 104 sq. et 116.

matière, lequel est prouvé par l'autorité de l'Écriture et, en plus, s'accorde avec la doctrine des philosophes. Pour éviter les inconvénients des deux positions, il convient donc de suivre la «voie moyenne» («dès lors, en choisissant la voie moyenne, nous disons»): les anges jouissent tous d'une connaissance immédiate de Dieu («d'une part tous les anges voient immédiatement l'essence de Dieu»), mais non pas de tous ses effets («cependant il n'est pas nécessaire que celui qui voit une cause, voie tous ses effets»). Ce qui laisse ouverte la possibilité pour les anges supérieurs d'illuminer les anges inférieurs quant aux effets de Dieu. Cette solution se trouve en plein accord avec la tradition, représentée par Denys.

Le schéma à la page suivante représente graphiquement la structure du raisonnement que nous venons de résumer.

On voit que cet *ad tertium* revêt une structure véritablement dialectique. Il commence par deux points de vue totalement opposés et, en apparence, irréconciliables. L'alternative est choisie de sorte qu'elle représente de vrais antipodes: les extrêmes, si l'on veut, du continuum des opinions possibles. Les deux opinions s'avèrent insoutenables, à cause de leur désaccord avec l'*auctoritas*, qui est, en l'occurrence, celle de l'Écriture, de Denys et des philosophes. Cette double réfutation nous laisse momentanément dans une impasse. Thomas surmonte celle-ci en retournant au problème initial, dont il dégage deux aspects: cette *distinctio* fait alors ressortir que chacune des deux solutions opposées correspond à un aspect particulier du problème[29] et que, pour

---

[29] Cfr aussi *S.T.* II^aII^ae, qu. 1, art. 2, c; *Ed. leon.* VIII: 11: «Et ideo utrumque vere opinatum fuit apud antiquos, et secundum aliquid utrumque est verum» et *S.T.* III^a, qu. 64, art. 3, c; *Ed. leon.* XII: 44: «utraque enim pars obiectionum vera est, ut dictum est, secundum aliquid».

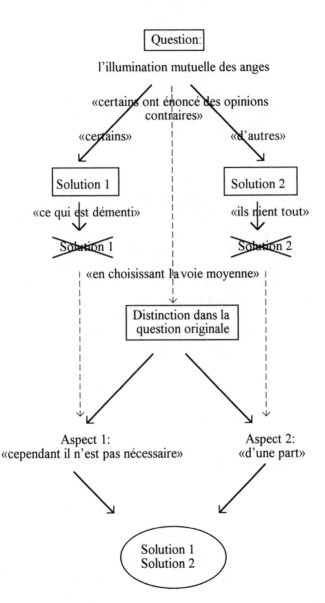

obtenir une perspective totale, plus large, il convient de les
fusionner («utrumque coniungere», comme saint Thomas
appelle cette procédure dans un autre contexte[30]). Si on
voulait résumer la méthode thomiste dans un paradoxe un
peu provocant, on pourrait dire que chez Thomas d'Aquin
la conjonction des opinions contraires rend ce qui indivi-
duellement est faux, «collectivement» vrai. «Le vrai est le
tout» — Thomas serait d'accord avec cette thèse hégélienne[31].

L'extrait du commentaire aux *Sentences* que nous venons
de discuter met particulièrement bien en relief les «mécanismes» de la méthode thomiste, mais la structure dialectique que nous y avons découverte se retrouve presque
à chaque page de l'œuvre de saint Thomas. Car c'est sa
logique qui sous-tend la construction de l'article, c'est-à-
dire de la forme littéraire qui est à la base de toutes les
Quaestiones et surtout de la *Somme théologique*. Rappelons
brièvement les caractéristiques de l'article[32]. 1° Chaque *articulus* commence par une question (*utrum…*) précisément
formulée et ne permettant que deux réponses possibles; par
exemple: «Dieu existe-t-il?» Il n'y pas, notons-le en passant,
de questions «ouvertes» comme «Quelle est l'origine de
l'univers?» dans la littérature scolastique qui emploie la
forme de l'*articulus*[33]. 2° Puis suivent plusieurs arguments

---

[30] À savoir, *Qu. disp. de malo*, qu. 5, art. 3, c; *Ed. leon.* XXIII: 136
(«utrumque coniungentes»).

[31] Qui se trouve dans la préface de la *Phénoménologie de l'esprit*: «Das
Wahre ist das Ganze» (G.W.F. HEGEL, *Phänomenologie des Geistes* [1980],
p. 19).

[32] Cfr F.-A. BLANCHE, *Le vocabulaire de l'argumentation et la structure de
l'article dans les ouvrages de S. Thomas* (1925).

[33] À l'exception de certaines questions d'histoire naturelle ou de méde-
cine. Cfr O. WEIJERS, *La «disputatio» à la Faculté des arts de Paris* (1995),
p. 25.

pour l'une des deux réponses possibles. Par exemple, le célèbre article de la *Somme* auquel nous venons de faire allusion (Iᵃ, qu. 2, art. 3), commence par les raisons de ceux qui répondraient «non» à la question de l'article: «Il semble (*videtur*) que Dieu n'existe pas.» 3° Les arguments de l'une des deux parties sont ensuite confrontés avec une ou plusieurs autorités qui les contredisent (*sed contra*). 4° Dans le «corps» de l'article, annoncé par la formule *respondeo dicendum* (ou une phrase semblable), l'Aquinate détaille sa propre réponse à la question, et ce faisant tente de concilier le *videtur* et le *sed contra* en nuançant la discussion par une ou plusieurs distinctions. 5° Finalement, il revient à la position qui fut exposée dans le *videtur* (2°), pour délimiter, comme l'a admirablement formulé le P. Chenu, «la part de vérité sur laquelle elle se fondait» (*ad primum…, ad secundum…*)[34]. Parfois, mais beaucoup plus rarement, Thomas apporte aussi quelques précisions au *sed contra*.

La méthode thomiste requiert-elle pour son fonctionnement un accès immédiat à la «veritas rerum»?

Thomas d'Aquin ne dresse pas l'étude des «choses elles-mêmes» contre l'«opinion des hommes», comme l'extrait de son commentaire sur le *Du ciel* (T1) pouvait le faire croire à première vue. Tout au contraire, pour l'Aquinate les relations entre la *veritas rerum* et *quid homines senserint* sont on ne peut plus étroites. Car la vérité de l'être, qui se révèle en l'homme et se révèle à l'homme, ne s'y révèle jamais sans être accompagnée d'un certain élément d'obscurcissement[35].

---

[34] M.-D. CHENU O.P., *Introduction à l'étude de saint Thomas d'Aquin* (1984), p. 80.
[35] Thème que nous approfondirons ultérieurement, notamment au chapitre V.

Or l'on peut porter remède à cette situation, même s'il n'est sans doute pas possible d'éliminer *tout* élément obscurcissant du savoir humain (question dont nous reparlerons). Ce qu'on peut faire, par contre, c'est réunir les vérités partielles et imparfaites auxquelles différents individus ont eu accès au cours de l'histoire humaine, dans l'espoir que «les produits de tous ces efforts mis ensemble dans *un* savoir (*simul in unum collectum*) conduiront la postérité à une grande connaissance de la vérité» (T6). Cette tentative requiert une méthode qui permette de combiner même des doctrines qui, à en juger superficiellement, semblent carrément opposées et contradictoires. Une telle méthode doit être en mesure d'assigner à chaque doctrine *sa* place dans un tout qui la transcende, et ceci en distinguant dans ce tout différents aspects dont chacun correspond à la doctrine partielle qui le fait valoir. — Voilà où nous en sommes dans le raisonnement du présent chapitre. Une conséquence fort fâcheuse semble s'ensuivre de ce que nous venons de dire.

En effet, il semblerait que la méthode scolastique, comme la conçoit saint Thomas, ne puisse fonctionner qu'à condition que le penseur qui la pratique ait accès à un tout de la vérité qui transcende les doctrines particulières[36]. Or si c'était de cette façon que la conciliation des autorités se faisait dans la méthode scolastique, la saisie de la vérité, voire du *tout* de la vérité, précéderait nécessairement l'étude de l'histoire de la pensée — ce qui impliquerait à l'évidence que ce genre d'études historiques serait parfaitement dépourvu d'intérêt. Car pourquoi s'efforcer de saisir la *veritas rerum* laborieusement dans et par *quid homines senserint*, si la vérité nous est, en effet, toujours déjà parfaitement accessible en elle-même? La réconciliation entre la *veritas*

---

[36] Nous-même avions défendu une telle position dans notre article *Histoire et actualité de la méthode scolastique* (1994), p. 100.

rerum et *quid homines senserint*, ou entre la *ratio* et l'*auctoritas*, semble alors exiger, contre ses propres intentions, une conception selon laquelle la vérité et l'histoire sont totalement extrinsèques l'une à l'autre et selon laquelle, de plus, la vérité l'emporte de beaucoup sur l'histoire.

Cependant, le problème est que «la» vérité et «le» réel n'existent pas. D'après Thomas d'Aquin lui-même, toute réalité nous est toujours déjà donnée sous un angle particulier:

> (T8) Chaque chose est reçue dans une autre selon le mode de ce qui la reçoit. Car il est clair que les conceptions dans l'esprit du savant sont immatérielles, tandis que [les choses dont elles sont les conceptions] sont matérielles dans la nature[37].

L'exemple ici fourni par saint Thomas est très simple, mais il montre bien que le réel, comme l'homme le perçoit, n'est jamais «le» réel — en d'autres mots, qu'il y a une distance irréductible entre l'«en-soi» du monde et son «pour-nous». Nous sommes aujourd'hui beaucoup plus conscients que l'Aquinate que le «mode» sous lequel nous «recevons» la réalité n'est pas uniquement fonction de la nature de l'esprit humain (conçue comme inchangeable), mais également de toutes sortes de contingences historiques, sociales, etc. Ou bien nous essayons de nous

---

[37] «(…) unumquodque recipitur in altero per modum recipientis: patet enim quod conceptiones in mente doctoris sunt immaterialiter, et materialiter in natura» (*Qu. disp. de potentia*, qu. 7, art. 10, ad 10). Ce principe revient très souvent chez saint Thomas, par exemple *In Sent.*, lib. I, dist. 8, qu. 5, art. 3, c; *S.T.* I^a, qu. 75, art. 5, c; *ibid.*, qu. 76, art. 1, obi. 3; *ibid.*, qu. 89, art. 4, c; etc. Notre interprétation du principe s'inspire de remarques faites par M. GRABMANN dans son article *Der hl. Thomas von Aquin im Werturteil der modernen Wissenschaft* (1913), p. 821 et répétées dans *Nature and Problems of the New Scholasticism in the Light of History* (1926), p. 130.

approcher de la vérité en tenant compte de ces contingences, c'est-à-dire en reconnaissant que le réel ne nous est
donné que dans et à travers l'histoire, ou bien nous le
manquerons complètement, en prenant un point de vue
particulier pour le tout. Ce qui équivaut à dire qu'ou bien
la transcendance de la *veritas rerum* surgit *dans* l'immanence de *quid homines senserint,* ou bien qu'il n'y a pas de
vérité pour l'homme.

La «*vérité cachée*» («*veritas occulta*») et l'«*intention plus profonde*» («*profundior intentio*»)

La question qui se pose est alors: la transcendance de la
veritas rerum peut-elle surgir dans l'immanence de *quid
homines senserint,* et, si oui, comment?

De toute évidence, la vérité ne se trouve pas à la surface
des textes qui nous transmettent l'«opinion des hommes».
En effet, à ce niveau les auteurs se contredisent souvent, de
telle sorte que si l'on voulait prendre tous leurs textes au
pied de la lettre (Thomas parle du *superficies verborum*[38]), le
mouvement conciliateur vers l'unité du savoir (*collectio*)
s'avérerait irréalisable. C'est pourquoi Thomas est
convaincu que la vérité ne se montre que dans l'intention
«plus profonde» des auteurs. Loin de se confondre avec la
lettre d'un enseignement, la vérité ne se fait entendre
qu'«entre les lignes», comme l'a formulé un éminent penseur contemporain; pour la découvrir, il faut comprendre
que la langue d'un penseur signifie souvent «*tout autre chose*
que ce qu'elle dit»[39]. Découvrir cette intention plus profonde et chercher à connaître la vérité, c'est, écrit Thomas,
une seule et même tâche:

---

[38] *In De caelo*, lib. I, cap. 10, lect. 22, §8 (*Ed. leon.* III: 91).
[39] J. LACAN, *Écrits* (1966), p. 505. Cfr aussi p. 372.

(T9) Cependant, pour scruter plus profondément
l'intention d'Augustin, et ce qu'il en est de la vérité
concernant cette question, on doit savoir…[40]

Un interprète, par contre, qui s'arrête à la surface des textes
qu'il s'efforce de comprendre contrarie sa vocation. Saint
Thomas est gêné de devoir constater que même le Philosophe a parfois commis cette faute, notamment dans sa tendance à réfuter un peu trop vite la philosophie de Platon. Il
essaie d'excuser Aristote comme suit:

(T10) Après avoir exposé l'opinion de Platon, Aristote
la réfute ici. Dans ce contexte, il faut savoir que le
plus souvent, lorsqu'Aristote critique les opinions de
Platon, il ne le fait pas eu égard à l'intention de
Platon, mais plutôt à la lettre de ses mots (*sonum
uerborum eius*). Il procède ainsi parce que Platon avait
une mauvaise manière d'enseigner: en effet, il dit tout
figurativement (*figurate*) et enseigne par le moyen de
symboles (*simbola*), entendant par ses mots autre chose
que ce que ces mêmes mots signifient à la lettre
(*intendens aliud per uerba quam sonant ipsa uerba*).
C'est par exemple le cas quand il dit que l'âme est un
cercle; dès lors, pour que personne ne tombe dans
l'erreur à cause des mots eux-mêmes, Aristote
argumente contre Platon eu égard à ce que ses mots
signifient à la lettre (*quantum ad id quod uerba eius
sonant*)[41].

---

[40] «Sed tamen ut profundius intentionem Augustini scrutemur, et quomodo se habeat veritas circa hoc, sciendum est (…)» (*Qu. disp. de spiritualibus creaturis*, quaestio unica, art. 10, ad 8).

[41] «Posita opinione Platonis, hic Aristotiles reprobat eam. Vbi notandum
est quod Aristotiles plerumque quando reprobat opiniones Platonis, non
reprobat eas quantum ad intentionem Platonis, sed quantum ad sonum
uerborum eius; quod ideo facit quia Plato habuit malum modum
docendi: omnia enim figurate dicit et per simbola docet, intendens aliud
per uerba quam sonant ipsa uerba, sicut quod dixit animam esse circulum;

Parfois saint Thomas attribue la nécessité de lire l'intention de Platon «entre les lignes» plutôt que dans le sens littéral de ses mots, non pas à quelque défaut pédagogique ou stylistique dans sa manière de s'exprimer, mais au fait que Platon, comme certains autres philosophes, aurait délibérément dissimulé son véritable enseignement. Certains textes, platoniciens et autres, possèderaient une «vérité cachée» (*veritas occulta*) qui s'oppose carrément à ce que leurs auteurs enseignent «extérieurement» (*exterius*)[42]. Une telle stratégie ne peut être qualifiée de malhonnête s'il s'agit de communiquer des vérités subtiles et sublimes que peut-être personne ne saurait saisir autrement que sous le voile de métaphores et de paraboles: qu'on songe seulement aux paraboles de l'Évangile...[43]

Si cette *veritas occulta*, qui correspond à une «intention plus profonde» dans les textes que l'on interprète, se confond avec la *veritas rerum*, il serait intéressant de savoir quelles sont, d'après Thomas d'Aquin, les techniques qui nous permettent de lever le voile enveloppant la vérité dans le sens littéral. L'Aquinate, hélas! ne s'en ouvre pas. Nous devons à notre tour l'interpréter pour saisir la «vérité cachée» de la méthode scolastique.

et ideo ne aliquis propter ipsa uerba incidat in errorem, Aristotiles disputat contra eum quantum ad id quod uerba eius sonant» (*Sentencia libri De anima*, lib. I, cap. 8; *Ed. leon.* XLV, 1: 38). Cfr également *In De caelo*, lib. III, lect. 6 (*Ed. leon.* III: 247): «Secundum hoc Aristoteles non objicit hic contra sensum Platonis, sed contra Platonicorum verba, ne ab eis aliquis in errorem inducatur.»

[42] Cfr *In Met.*, lib. III, lect. 11, §471.

[43] Cfr *S.T.* III[a], qu. 42, art. 3, c, où Thomas distingue trois «modes» de dissimuler un enseignement; cfr également *ibid.*, I[a], qu. 1, art. 9, ad 3 et *ibid.*, II[a]II[ae], qu. 40, art. 3, c. Par contre, nous lisons dans le commentaire sur la *Métaphysique* que «philosophus ex propriis docere debet» (*In Met.*, lib. I, lect. 15, §231).

Eh bien, quand saint Thomas lit Platon, Aristote, les stoïciens, la Bible et beaucoup d'autres textes encore, il lui est seulement possible de les «synthétiser», c'est-à-dire de mettre ensemble d'une façon non arbitraire et non contradictoire ses sources, parce que tous ces textes ne *signifient*, en fin de compte, qu'une même chose qu'ils ne sauraient jamais *dire*: la vérité, mais en tant qu'impensée. Expliquons-nous. Aristote révèle chez Platon ce que ce dernier n'a pas vu; les œuvres de Platon, par contre, attirent l'attention sur l'impensé d'Aristote. La pensée grecque apporte des éléments philosophiques à l'enseignement biblique qui y font défaut; la Bible, en revanche, parle d'un Dieu que les Grecs n'ont pas connu. Chaque élément dans la synthèse à laquelle aspire la méthode scolastique fait ressortir quelque chose que les autres ont négligé, ont laissé impensé. Chaque élément suscite dans les autres une *veritas occulta* — une vérité que l'auteur a sans doute voulu dire, mais qu'il n'est pas arrivé à exprimer convenablement et qui, de surcroît, *change le sens de tout* «ce que ses mots signifient à la lettre» (T10)[44].

Plus encore. Puisque aucune pensée particulière ne saurait jamais prononcer le fin mot sur la vérité, autrement dit, puisqu'il reste toujours possible qu'un élément doive encore être ajouté à l'ensemble, le sens profond de la synthèse, ou sa *veritas occulta*, ne peut jamais être saisi d'une manière qui serait plus que fugace. Car la vérité n'est jamais *dans* une pensée quelconque; elle est toujours *entre* les pensées qu'on essaie de synthétiser. La vérité est toujours *dans la différence*.

---

[44] C'est pourquoi il y a le Thomas d'Aquin de ceux qui lisent le Docteur angélique «avec» Aristote, le Thomas d'Aquin de ceux qui font de ses œuvres une lecture néoplatonicienne, le Thomas d'Aquin du «thomisme transcendantal», qui veut réconcilier Thomas avec Kant, le Thomas d'Aquin…

En conclusion, c'est à cause du fait que la vérité est toujours présente *entre* les éléments, mais non saisissable *dans* aucun élément précis de la synthèse, qu'il est possible de penser ensemble toutes les pensées dans leur impensé commun. Le milieu dans lequel la méthode scolastique fonctionne et qu'elle présuppose est la vérité impensée, que toutes les «autorités» ont voulu dire, sans jamais y parvenir[45].

La «media via»: la vérité comme entre-deux

Aussi pour saint Thomas la vérité n'est-elle pas seulement le tout (voir ci-dessus, p. 32), mais également le milieu. En effet, le tout est toujours déjà «obscurément» présent au milieu des doctrines particulières, à savoir entre les lignes...

Qu'il y ait une relation privilégiée entre la vérité et ce qui est «au milieu», «entre...», le Docteur angélique le confirme d'ailleurs explicitement. À plusieurs reprises, il qualifie de «voie moyenne» (*media via*) la solution qu'il préconise après avoir examiné différentes opinions contradictoires — nous avons d'ailleurs déjà rencontré cette expression dans l'extrait du commentaire sur les *Sentences* cité ci-dessus (T7). Au total, le terme technique *media via* intervient dix-sept fois dans le corpus thomiste, où il désigne toujours, à l'exception de trois occurrences, une doctrine soutenue par Thomas[46]. Dans deux de ces textes, de

---

[45] Nous repérons donc dans la méthode scolastique «une pratique de la lecture commandée par le motif de l'*impensé*» (Ph. LACOUE-LABARTHE/J.-L. NANCY, *Le titre de la lettre* [1990], p. 176). Notre interprétation de la méthode scolastique est proche des thèses que J. Pieper formule en usant d'une terminologie plus traditionnelle dans son essai *Was heißt Interpretation?* (1995), surtout aux pp. 227-235.

[46] Cfr P.W. ROSEMANN, *Histoire et actualité de la méthode scolastique* (1994), p. 115.

brèves réflexions méthodologiques traitent de la question de savoir pourquoi la vérité tend à se trouver sur la «voie moyenne». Examinons-les succinctement.

> (T11) Donc la foi catholique, marchant sur la voie moyenne (*media via incedens*), professe avec Arius et Photin, contre Sabellius, que la personne du Père et celle du Fils sont différentes et que le Fils est engendré, tandis que le Père n'est point engendré; d'autre part, elle professe avec Sabellius, contre Photin et Arius, que le Christ est le Dieu vrai et naturel et qu'il est de même nature que le Père, quoique non pas de même personne. — De cette situation, on peut d'ailleurs tirer une preuve (*indicium*) pour la vérité catholique, car, comme dit le Philosophe[47], même ce qui est faux porte un certain témoignage (*etiam falsa attestantur*): en effet, les positions fausses ne s'éloignent pas seulement de ce qui est vrai, mais encore l'une de l'autre (*falsa vero non solum a veris, sed etiam ab invicem distant*)[48].

---

[47] D'après les savants éditeurs de la *Somme contre les gentils*, d'où le présent passage est tiré, il s'agit ici d'une référence aux *Seconds Analytiques*, A32, 88a20-21; dans la *lectio* 43 de son commentaire (*Ed. leon.* [ed. altera] I, 2: 162), saint Thomas écrit sur ce texte d'Aristote ce qui suit: «Contingit enim conclusiones falsas esse contrarias ad invicem, et incompossibiles sibi esse, sicut hec conclusio: 'Iusticia est iniusticia', est incompossibilis huic conclusioni: 'Iusticia est timor', cum utraque sit falsa: timor enim sicut differt genere a iusticia, ita etiam ab iniusticia; similiter et hee due conclusiones false sunt contrarie et incompossibiles: 'Homo est equus', et: 'Homo est bos'; et similiter (...)».

[48] «Fides ergo catholica, media via incedens, confitetur, cum Ario et Photino contra Sabellium, aliam personam Patris et Filii, et Filium genitum, Patrem vero omnino ingenitum; cum Sabellio vero contra Photinum et Arium, Christum verum et naturalem Deum, et eiusdem naturae cum Patre, licet non eiusdem personae. Ex quo etiam indicium veritatis catholicae sumi potest; nam vero, ut Philosophus dicit, etiam falsa attestantur; falsa vero non solum a veris, sed etiam ab invicem distant» (*Summa contra Gentiles*, lib. IV, cap. 7, §*Fides ergo*; *Ed. leon.* XV: 19).

Dans ce texte sur la théologie trinitaire, saint Thomas présente — et soulignons que c'est assez étonnant — la foi
catholique comme une sorte de «synthèse» de deux hérésies, une synthèse qui, puisqu'elle se tient *entre* les hérésies,
parvient à s'écarter de leurs outrances tout en gardant ce qui
est vrai en elles. Une telle procédure présuppose évidemment que même les positions hérétiques recèlent chacune
une part de vérité. Cette part de vérité qui est contenue
dans ce qui est en somme faux se montre *dans la distance,
ou différence,* existant entre les hérésies. Les positions
d'Arius et de Photin projettent de la lumière sur les défauts
de l'opinion sabellienne, tandis que la doctrine de Sabellius
met au jour les déficiences dans l'enseignement d'Arius et
de Photin. La vérité se joue dans la distance existant entre
ces points de vue partiellement vrais et partiellement faux;
elle gît, pour ainsi dire, au milieu d'eux.

Il y a deux sources possibles pour le concept de *media via*
dans les écrits de saint Thomas. La première est le *Livre des
Sentences* de Pierre Lombard, ce grand manuel de théologie
qui devait dominer l'enseignement théologique dans l'École
jusqu'au XVIe siècle, et dans lequel l'Aquinate a pu lire une
réflexion de saint Augustin sur la nécessité de «naviguer au
milieu» dans les controverses théologiques (et surtout celle
qui oppose Arius et Sabellius)[49]. L'autre source — quant à

---

[49] Cfr Magistri Petri Lombardi Parisiensis Episcopi *Sententiae in IV libris
distinctae* (1971-1981), lib. I, dist. 31, c. 4, §2: «**De haeresi Arii.** (...) **De
haeresi Sabelli.** (...) "Utramque pestem, ut ait Augustinus *Super Ioan-
nem,* elidet Veritas dicens: *Ego et Pater unum sumus.* Utrumque audi et
adverte, et *unum* et *sumus,* et a Charybdi et a Scylla liberaberis. Quod enim
dixit *unum,* liberat te ab Ario; quod dixit *sumus,* liberat te a Sabellio.
Si *unum,* ergo non diversum; si *sumus,* ergo et Pater et Filius; *sumus* enim
non diceret de uno, nec *unum* de diverso. Erubescant ergo Sabelliani,
qui dicunt ipsum esse Patrem qui est Filius, confundentes personas;
qui et dicti sunt Patripassiani, quia dicunt Patrem fuisse passum. Ariani

elle, explicitement citée par Thomas — est un ouvrage de Boèce intitulé *Livre sur la personne et les deux natures*:

> (T12) Comme Boèce dit dans son livre *Sur les deux natures*[50], la voie de la foi «est la voie moyenne entre deux hérésies, à l'instar des vertus, qui elles aussi se tiennent au milieu. Car chaque vertu reste ferme quand elle se situe convenablement au milieu des choses (*in medio rerum decore locata*)», mais si quelque chose est fait qui se trouve au-delà ou en deçà de ce qu'il faudrait (*vel ultra vel infra quam oportuerit*), on s'éloigne de la vertu. Alors voyons ce qui, concernant les points mentionnés plus haut, est au-delà ou en deçà de ce qu'il en est de la vérité des choses (*ultra vel infra quam rei veritas habeat*), afin que nous puissions tenir tout cela pour une erreur et la voie moyenne (*mediam viam*) pour la vérité de la foi[51].

Il est intéressant que Thomas décrive ici la vérité et l'erreur comme, pour ainsi dire, commensurables. En effet, loin d'être des opposés irréconciliables, elles se trouvent d'après

---

vero dicunt aliud Patrem esse, aliud Filium, non unam substantiam, sed duas: Patrem maiorem, Filium minorem. Noli hoc dicere tu, catholice. In medio ergo naviga; utrumque periculosum latus devita, et dic: Pater pater est, et Filius filius est; alius Pater, alius Filius, sed non aliud, immo hoc ipsum, quia unus Deus est".»

[50] Cfr Boèce, *Liber de persona et duabus naturis*, ch. 7 (*P.L.* 64, col. 1352C): «Mediaque haec est inter duas haereses via, sicut virtutes quoque medium tenent. Omnis enim virtus in medio rerum decore locata consistit, siquidem vel ultra, vel infra, quam oportuerit, fiat, a virtute disceditur: medietatem igitur virtus tenet.»

[51] «Quia vero, ut Boetius dicit in libro De duabus naturis, via fidei "inter duas haereses media est sicut virtutes medium locum tenent, omnis enim virtus in medio rerum decore locata consistit", si quid enim vel ultra vel infra quam oportuerit fiat, a virtute disceditur: ideo videamus quid circa praedicta sit ultra vel infra quam rei veritas habeat, ut hoc totum reputemus errorem, mediam autem viam fidei veritatem» (*Contra impugnantes Dei cultum et religionem*, cap. 4, §6; *Ed. leon.* XLI: 72).

le saint docteur sur une même échelle, où elles ont une mesure commune. Tomber dans l'erreur, dès lors, n'est pas défendre une position qui soit sans aucun rapport avec la vérité; c'est plutôt aller au-delà ou rester en deçà d'elle. Aucune erreur ne peut être si grande qu'elle tue tous les germes de vérité en elle. C'est pourquoi la vérité peut surgir au milieu de l'erreur.

Ajoutons une seconde remarque à propos de l'extrait qui vient d'être cité. Saint Thomas puise chez Boèce un parallélisme significatif entre le domaine de la méthodologie et celui de l'éthique, parallélisme qui montre que la méthode scolastique n'est pas dépourvue d'une dimension éthique. Bien sûr, cette méthode est d'abord constituée d'un ensemble de mécanismes et de techniques *théoriques* destinés à résoudre des problèmes doctrinaux en philosophie et en théologie. Et pourtant, ces mécanismes et techniques théoriques obéissent au même principe qui guide aussi toute existence *moralement* réussie, à savoir l'idée aristotélicienne que la vertu demande un comportement qui se tienne au milieu ($\mu\acute{\epsilon}\sigma o\nu$) des extrêmes[52]. Cette parenté suggère que la pratique de la méthode scolastique requiert une certaine disposition morale, surtout un respect pour les opinions des autres, qui toutes, quelque mal fondées et absurdes qu'elles puissent paraître, contiennent une part de vérité. Qui plus est, selon Thomas d'Aquin, la recherche intellectuelle demande non seulement un vague «respect» pour les autres, une «tolérance» ou, comme on dirait aujourd'hui, une «ouverture»; elle demande que l'on aime, que l'on désire tellement la vérité que l'on aime aussi ceux qui ont contribué de quelque manière à la réussite de la quête de cette même vérité. L'esprit de la méthode scolastique renoue ici avec la tradition grecque de l'amitié philosophique:

---

[52] Cfr surtout livre B, chapitre 5 de l'*Éthique à Nicomaque*.

(T13) Il faut aimer et ceux dont nous partageons l'opinion, et ceux dont nous rejetons l'opinion: car les uns comme les autres se sont efforcés de rechercher la vérité et nous y ont aidés[53].

(T14) Donc il est juste que nous rendions grâce à ceux qui nous ont aidés dans un bien tellement grand qu'est la connaissance de la vérité[54].

La méthode scolastique ne peut pas fonctionner si celui qui veut l'employer n'est pas suffisamment humble pour reconnaître que la recherche de la vérité est une tâche «collective», qui dépasse infiniment les possibilités de l'individu, et pour savoir gré à ceux qui se sont, comme lui, attelés à cette tâche. En effet, l'analyse de la structure de la méthode thomiste a mis en évidence combien celle-ci ressemble à un dialogue entre différents partis — un fait qui n'est d'ailleurs point une surprise, puisque la méthode scolastique telle que l'a pratiquée saint Thomas d'Aquin est née des discussions publiques qui avaient lieu régulièrement au sein des universités médiévales[55].

La vérité est un événement qui se produit dans l'entre-deux d'un dialogue pénétré d'un esprit d'amour. Voilà l'essentiel de la méthode scolastique.

---

[53] «(…) oportet amare utrosque, scilicet eos quorum opinionem sequimur, et eos quorum opinionem repudiamus. Utrique enim studuerunt ad inquirendam veritatem, et nos in hoc adiuverunt» (*In Met.*, lib. XII, lect. 9, §2655).

[54] «Est autem iustum ut his, quibus adiuti sumus in tanto bono, scilicet cognitione veritatis, gratias agamus» (*ibid.*, lib. II, lect. 1, §288).

[55] Sur la forme des disputes universitaires, cfr la nouvelle étude d'O. WEIJERS, *La «disputatio» à la Faculté des arts de Paris* (1995).

La structure temporelle de la méthode thomiste: le présent comme l'avenir toujours inachevé du passé

À cause de la nature «médiane» de la vérité et de son caractère d'événement, elle ne peut jamais être simplement «là», comme si elle était un acquis inaliénable et fixé pour tous les temps. Puisqu'elle vient à l'être dans le dialogue — dialogue entre nous et notre histoire; dialogue dans lequel nous faisons entrer les différents penseurs historiques; dialogue entre les diverses interprétations qu'on peut donner à la doctrine de ces penseurs... — la vérité ne devient «présente» que dans l'effort infatigable de repenser l'histoire et notre rapport à celle-ci dans des situations toujours nouvelles. Si nous maintenons cet effort, le déroulement du temps nous offre la chance de parvenir à des synthèses de plus en plus puissantes; si, par contre, nous perdons le contact avec l'histoire, le temps peut également devenir l'occasion d'un obscurcissement progressif des connaissances d'antan:

> (T15) Il paraît que le temps est comme un co-inventeur ou bon coopérateur (*quasi adinventor vel bonus cooperator*) — non pas qu'il fasse quelque chose de lui-même, mais plutôt par rapport à ce qui se produit *dans* le temps. Si, en effet, quelqu'un se consacre à la recherche de la vérité pendant que le temps avance, celui-ci l'aide à trouver la vérité, qu'il s'agisse d'un seul et même homme, qui verra plus tard ce qu'il n'avait pas vu avant, ou bien de différents chercheurs, notamment lorsque quelqu'un considère les faits qui ont été découverts par ses prédécesseurs et y ajoute quelque chose. C'est de cette façon que des progrès ont été accomplis dans les arts, dont les débuts furent modestes, mais qui par la suite se développèrent pour constituer, grâce à différents chercheurs, un grand corps de savoir: car chacun a le devoir d'ajouter

ce qui fait défaut dans les réflexions de ses
prédécesseurs. Si, en revanche, la pratique des études
est négligée, le temps est plutôt la cause de l'oubli,
comme il est dit dans le livre IV de la *Physique*: cela
peut arriver aussi bien à un seul homme, qui, s'il se
laisse aller à la négligence, oubliera ce qu'il savait, et à
différents chercheurs — par là nous constatons que
bien des sciences ou des arts qui étaient encore
florissants chez les anciens sont, une fois qu'on a cessé
de les pratiquer, peu à peu tombés dans l'oubli[56].

---

[56] «(...) videtur tempus esse quasi adinventor vel bonus cooperator, non
quidem quod tempus per se ad hoc aliquid operetur, sed secundum ea
quae in tempore aguntur. Si enim aliquis tempore procedente det se studio investigandae veritatis, iuvatur ex tempore ad veritatem inveniendam,
et quantum ad unum et eundem hominem qui postea videbit quod prius
non viderat, et etiam quantum ad diversos utpote cum aliquis intuetur ea
quae sunt a praedecessoribus adinventa et aliquid superaddit. Et per hunc
modum facta sunt addidamenta in artibus quarum a principio aliquid
modicum fuit adinventum et postmodum per diversos paulatim profecit
in magnam quantitatem, quia ad quemlibet pertinet superaddere id quod
deficit in consideratione praedecessorum. Si autem in contrario exerci-
tium studii praetermittatur, tempus est magis causa oblivionis, ut dicitur
in IV Physicorum, et quantum ad unum hominem, qui si se negligentiae
dederit obliviscetur quod scivit, et quantum ad diversos, unde videmus
multas scientias vel artes quae apud antiquos viguerunt paulatim cessanti-
bus studiis in oblivionem abiisse» (*Sententia libri Ethicorum*, lib. I, lect. 11;
Ed. leon. XLVII, 1: 39).

CHAPITRE PREMIER

OMNE ENS EST ALIQUID.
LA STRUCTURE DIALECTIQUE DE L'ÊTRE
D'APRÈS SAINT THOMAS

Le principe fondamental de l'ontologie thomiste:
«omne ens est aliquid» — tout étant n'est quelque chose
qu'en n'étant pas quelque chose d'autre

Ego sum qui sum. Quand Moïse demande à Dieu de lui révéler son nom, celui-ci lui répond: «Je suis celui qui suis» (Ex 3, 14). Un homme ne saurait jamais parler comme cela. Car si quelqu'un vous demande de connaître votre nom, vous dites: «Je suis Jacques Untel» ou «Je m'appelle Jacqueline Unetelle». Même cette réponse ne suffit guère, d'ailleurs, à moins que celui qui vous a posé la question ne connaisse déjà votre nom, sans vous avoir vu ou rencontré en personne. Dans toute autre situation, vous devrez ajouter une explication comme: «Je suis Jacques Untel, professeur à l'Institut supérieur de philosophie de Louvain». Cette réponse sera sans nul doute plus satisfaisante pour votre interlocuteur, mais elle présuppose que celui-ci sache ce qu'est l'Institut supérieur de philosophie ou, au moins, qu'il ait une idée élémentaire de Louvain.

L'exemple montre que dans le monde humain, définir, même soi-même, c'est inscrire dans un contexte commun, dans un contexte partagé par celui à qui la définition est destinée. Pour nous, hommes, toute identité demande un contexte pour *être* une identité. C'est pourquoi, si on nous arrache à notre environnement habituel et qu'on nous place dans une situation toute nouvelle, tout inaccoutumée, nous risquons d'éprouver une «crise d'identité». Ce principe, qui relie toute identité à un contexte, vaut également pour les choses existant à coté de nous dans notre monde: car, comme dit le phénoménologue Alphonse De Waelhens, «quelque chose qui serait donné *seul* ne serait pas *quelque chose*»[1]. Une fenêtre, par exemple, est une «ouverture faite dans un mur, une paroi, pour laisser pénétrer l'air et la lumière»[2]. Une fenêtre n'est elle-même, n'est fenêtre, que par rapport au mur dans lequel elle se trouve et par rapport à l'air et à la lumière qu'elle laisse entrer dans la chambre. Enlevez le mur, l'air et la lumière, et vous n'aurez point de fenêtre, bien que le mur, l'air ou la lumière ne constituent pas eux-mêmes la «substance» de la fenêtre.

Ces considérations nous amènent à une conclusion assez étonnante: dans le monde tel que nous le connaissons, tout étant n'est quelque chose que relativement à d'autres étants qui ne sont pas lui. Tout étant n'est quelque chose que par rapport à d'autres étants dont il se distingue. Ou, encore plus nettement: tout étant n'est quelque chose qu'en n'étant pas quelque chose d'autre. Ceci est le premier principe et, en un sens, le seul principe de la métaphysique thomiste[3]. Une fois qu'on l'a compris, tout le reste s'en suit.

Saint Thomas d'Aquin lui-même formule ce principe fondamental dans un texte célèbre qui se trouve au début

---

[1] A. De Waelhens, *La philosophie et les expériences naturelles* (1961), p. 109.

[2] Cette définition vient du *Petit Robert* (1990), s.v. «fenêtre», 1°.

[3] Cfr S. Breton, *La déduction thomiste des catégories* (1962), p. 16: «On arrive donc à ce paradoxe qui est la vérité même des choses: c'est parce qu'il est ce qu'il est, et pour l'être, que tout ce qui est est nécessairement relation à tout ce qu'il n'est pas. Le négatif ou l'autre est ainsi, dans son immensité anonyme, l'horizon externe de la classe complémentaire du singulier.»

de ses *Questions disputées sur la vérité*, mais dont, il faut le dire, la plupart des commentateurs n'ont saisi la portée que très partiellement[4]. Dans ce texte, l'Aquinate traite des «transcendantaux», c'est-à-dire des «modes» ou propriétés qui appartiennent à chaque étant en tant que tel. Après avoir parlé du fait que tout étant, considéré en soi, est quelque «chose» (*res*) et qu'il possède une unité foncière (*unum*), il en vient à la réflexion suivante:

> (T16) Si, par contre, on envisage le mode de l'étant sous le deuxième angle, c'est-à-dire eu égard [non pas à l'étant en soi, mais] à l'ordre des étants l'un par rapport à l'autre (*secundum ordinem unius ad alterum*), ceci permet deux possibilités.
>
> La première concerne la séparation des étants l'un de l'autre, ce qu'exprime ce nom *aliquid* [quelque chose]: car *aliquid* se dit comme *aliud quid* [un autre «quoi»]. D'où, de la même manière que l'étant est dit être *unum* [un] en tant qu'il n'est pas divisé en soi, ainsi il est dit être *aliquid* en tant qu'il est séparé des autres.
>
> La seconde concerne la convenance des étants l'un par rapport à l'autre (…)[5].

De la même manière que tout étant doit, pour *être*, posséder une certaine unité, ou identité avec lui-même, ainsi tout étant doit, pour *être*, se distinguer des autres. Bref, *être*

---

[4] À ce sujet, cfr les remarques de J. Pieper dans son essai *Der Philosophierende und die Sprache* (1995), p. 201.

[5] «Si autem modus entis accipiatur secundo modo, scilicet secundum ordinem unius ad alterum, hoc potest esse dupliciter. Uno modo secundum divisionem unius ab altero et hoc exprimit hoc nomen aliquid: dicitur enim aliquid quasi aliud quid, unde sicut ens dicitur unum in quantum est indivisum in se ita dicitur aliquid in quantum est ab aliis divisum. Alio modo secundum convenientiam unius entis ad aliud (…)» (*Qu. disp. de veritate*, qu. 1, art. 1, c; *Ed. leon.* XXII: 5).

implique en même temps et d'une même «primordialité» — *gleichursprünglich*, comme dirait Heidegger — être le même par rapport à soi (*unum*) et être différent par rapport aux autres étants (*aliud quid*). On ne pourrait guère exprimer plus nettement que l'identité et la différence s'enchevêtrent et se conditionnent comme les deux pôles nécessaires d'une dialectique qui constitue l'être.

Penchons-nous sur cette dialectique. Un étant est *quelque chose* ou *une* chose (*unum*) seulement en étant «un autre "quoi"», une *autre chose* (*aliud quid*) — par quoi il faut entendre: en étant une autre chose *que les autres choses*, c'est-à-dire en *n'étant pas* autre qu'il n'est... Pour *être*, l'étant doit alors à la fois rester lui-même et se distinguer par rapport aux autres. Or un étant ne peut se distinguer *par rapport* aux autres que s'il s'*y rapporte*, c'est-à-dire s'il sort de son «en-soi», s'éloigne pour ainsi dire de lui-même et s'aliène, voire devient «autre» que lui-même. D'autre part, un étant ne peut *se* distinguer par rapport aux autres que s'*il* s'y rapporte, c'est-à-dire s'il se tient ferme à sa propre identité dans son auto-aliénation même, c'est-à-dire si, en sortant de soi dans un mouvement aliénant, il se retire constamment de ce même mouvement, ou si, en se niant, il nie en même temps sa propre négation. En définitive, le mouvement dans lequel l'étant devient «un» *aliquid* pourrait être décrit comme circulaire. C'est un mouvement à la fois hors de soi et vers soi:

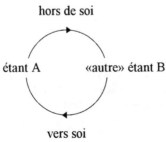

hors de soi

étant A   «autre» étant B

vers soi

La substantialité comme retour sur soi («reditio»)

C'est sur le fond du mouvement circulaire (ou réflexif) que nous venons d'esquisser qu'il faut comprendre la définition thomiste de la subsistance comme retour sur soi:

> (T17) «Faire retour à son essence» (*redire ad essentiam suam*), ce n'est rien d'autre pour une chose que de subsister en soi[6].

«Subsister» est une caractéristique des substances, c'est-à-dire des étants qui, existant en eux-mêmes et non pas en autre chose, sont les seuls qui «sont» au sens plein du terme (car les accidents, comme «grand» ou «bleu», n'existent qu'en tant qu'ils s'attachent à quelque substance)[7]. On est dès lors autorisé à dire que, chez saint Thomas d'Aquin, le retour sur soi se confond essentiellement avec l'être lui-même. Nous avons ici une confirmation de l'interprétation que nous avons avancée dans la section précédente. Être, c'est retourner sur soi; c'est être réflexif ou circulaire — et ceci puisque être implique à la fois l'identité et la différence, l'*unum* et l'*aliquid*.

---

[6] «(…) *redire ad essentiam suam* nihil aliud est quam rem subsistere in seipsa» (*S.T.* Iᵃ, qu. 14, art. 2, ad 1; *Ed. leon.* IV: 168). A. Léonard est un des rares auteurs qui mentionnent la définition thomiste de la subsistance en termes de retour sur soi, mais il sous-estime sa portée quand il écrit: «Quant à la subsistance, T. la définit surtout négativement: "nous disons que subsistent ces choses qui existent en soi et non en autre chose" (ST I, 29, 2). T. amorce parfois une définition positive de cet "en-soi", à savoir le retour sur soi, la réflexivité, mais il ne la développe guère et ne montre pas comment elle s'applique aux substances matérielles» (A. LÉONARD, *Métaphysique* [1985], p. 9).

[7] Cfr, par exemple, *In Sent.*, lib. I, dist. 23, qu. 1, art. 1, c, §*Ideo aliter*: «(…) subsistere autem dicit determinatum modum essendi, prout scilicet aliquid est ens per se, non in alio, sicut accidens (…). Inde patet quod esse dicit id quod est commune omnibus generibus; sed subsistere et substare id quod est proprium primo praedicamento (…).»

Thomas nous dit explicitement où il a puisé le concept de *reditio*, à savoir dans le *Livre des causes*, ouvrage que nous avons déjà rencontré dans l'Introduction (voir pp. 18 sq. avec T3):

> (T18) Il faut savoir que dans le *Livre des causes* le retour d'une chose à sa propre essence est dit n'être rien d'autre que la subsistance en soi de cette chose[8].

Cependant, le *Livre des causes* ne parle que du retour sur soi qui caractériserait «toute chose douée d'une connaissance de sa propre essence» (prop. XV)[9], c'est-à-dire les âmes. Il semble donc que saint Thomas ait, dès le début, entendu ce principe dans un sens plus large que celui qui se laisse vérifier dans sa source. Plus tard, lorsqu'il rédige son commentaire sur le *Livre des causes* (1271/72), il attire l'attention de ses lecteurs sur le fait que ce que le *Livre* affirme dans sa proposition XV sur l'âme ne se comprend pas pleinement sans certains principes qui se trouvent dans les *Éléments de théologie* — que, à ce moment et à l'aide de la traduction latine rédigée par son confrère Guillaume de Moerbeke (1268), il a identifiés comme la source du *Livre des causes*. Et Thomas de citer littéralement la proposition XLIII des *Éléments*:

> (T19) Toute chose qui retourne à elle-même (*ad seipsum conversivum est*) est «authypostaton», c'est-à-dire subsiste en soi[10].

---

[8] «Sed tamen sciendum quod reditio ad essentiam suam in libro De causis nihil aliud dicitur nisi subsistentia rei in se ipsa» (*Qu. disp. de veritate*, qu. 2, art. 2, ad 2; *Ed. leon.* XXII, 1: 45 sq.). Cfr également *In Sent.*, lib. I, dist. 17, qu. 1, art. 5, ad 3: «(…) lib. de Caus., prop. 15, dicitur quod cujuscumque actio redit in essentiam agentis per quamdam reflexionem, oportet essentiam ejus ad seipsam redire, idest in se subsistentem esse (…)».

[9] «Omnis sciens qui scit essentiam suam est rediens ad essentiam suam reditione completa» (*In De causis*, prop. 15).

[10] «Tertiam propositionem sumamus XLIII libri eius quae talis est: *omne quod ad seipsum conversivum est authypostaton est*, idest per se subsistens»

L'Aquinate lui-même n'ignorait donc pas que la conception selon laquelle l'être est réflexif ou circulaire remonte jusqu'aux Grecs.

Quelques remarques historiques sur le problème de la circularité/réflexivité de l'être

Elle remonte, en effet, jusqu'aux débuts de notre tradition philosophique[11]. Un des premiers textes (et un des plus influents) qui aient clairement énoncé le principe de la circularité ou sphéricité de l'être est le *Poème* de Parménide. Dans le fragment 8, celui-ci décrit l'être (ἐόν) comme «πάντοθεν εὐκύκλου σφαίρης ἐναλίγκιον ὄγκωι»[12] (ligne 43) — «de tous côtés semblable à la circonférence d'une sphère bien arrondie». Et pourquoi l'être ressemblerait-il à une sphère? Sans doute puisque, intuitivement, le cercle et la sphère sont les plus parfaites des différentes figures géométriques: car, complètement fermées en elles-mêmes, la courbe du cercle et la surface de la sphère ne sauraient êtres étendues dans aucune direction — qualité qui se prête éminemment à la représentation de la complétude et de l'auto-suffisance que Parménide attribue à l'être. En outre, dans la mesure où la sphère se présente à l'observateur comme étant identique de tous les points de vue, n'admettant aucune différence de perspective, sa symétrie parfaite

---

(*In De causis*, prop. 15, lect. 15, §304). Cfr Proclus, *The Elements of Theology* (1963), p. 44 l. 25: «Πᾶν τὸ πρὸς ἑαυτό ἐπιστρεπτικὸν αὐθυπόστατόν ἐστιν.»

[11] Nous devons une excellente étude sur l'image du cercle dans la culture grecque jusqu'à (et y compris) Aristote à L. BALLEW, *Straight and Circular* (1979). Cfr aussi, du même auteur, *Straight and Circular in Parmenides and the «Timaeus»* (1974).

[12] Pour le texte du Poème, cfr *Études sur Parménide*, éd. P. AUBENQUE, t. I: *Le poème de Parménide*. Texte, traduction, essai critique par D. O'BRIEN en collaboration avec J. FRÈRE (1987). La traduction est de nous.

constitue une excellente image de l'immutabilité. On pourrait même dire que, d'une certaine manière, le cercle et la sphère sont indivisibles puisque, à la différence de la ligne, qui reste ligne même quand elle est divisée, on ne peut enlever aucun élément du cercle et de la sphère sans les détruire.

Si, pour Parménide, l'être est sphérique, la connaissance que l'homme peut en avoir est circulaire, comme le fragment premier (ligne 29) l'exprime dans la phrase «vérité bien arrondie» (ἀληθείης εὐκυκλέος)[13]. Étant donné l'état fragmentaire du *Poème*, il n'est pas aisé de deviner dans quel sens précis la conception parménidienne du savoir aurait impliqué la circularité ou la sphéricité, mais, à première vue, il ne paraît pas surprenant qu'une ontologie «sphérique» se traduise en une épistémologie elle aussi «sphérique» ou «circulaire». Ce parallélisme entre les domaines de l'être et de la pensée, c'est-à-dire leur similarité et commensurabilté dues à leur commune nature circulaire, est sans doute aussi ce que le célèbre fragment 3 veut dire dans son affirmation pointue d'une «identité» du penser et de l'être: «τὸ γὰρ αὐτὸ νοεῖν ἐστίν τε καὶ εἶναι». C'est, au

---

[13] La leçon ἀληθείης εὐκυκλέος est controversée; O'Brien ne la retient pas. H. Diels, pour sa part, l'a défendue vigoureusement dans son édition du *Poème*, et ceci encore qu'elle soit uniquement attestée par Simplicius (contre le témoignage collectif de Plutarque, Clément d'Alexandrie, Sextus Empiricus et Diogène Laërce, qui transmettent tous εὐπειθέος, «persuasif»). Pourtant, Diels était convaincu qu'elle était «puisée dans la quintessence de la spéculation parménidienne», «aus dem innersten Kerne der Parmenideischen Speculation geschöpft» (*Parmenides: Lehrgedicht* [1897], p. 55). G. JAMESON, *«Well-Rounded Truth» and Circular Thought in Parmenides* (1958), est un des auteurs qui ont rejeté l'opinion de Diels, mais plusieurs éditeurs récents ont retenu sa leçon: cfr, par exemple, L. TARÁN, *Parmenides. A Text with Translation, Commentary, and Critical Essays* (1965), p. 7, et Γ. ΤΖΑΒΑΡΑΣ, *Τὸ ποίημα τοῦ Παρμενίδη* (1980), p. 26.

moins, l'opinion exprimée par Lynne Ballew, un des meilleurs experts en la matière[14].

Tout au début de notre tradition philosophique, encore à la charnière du *mythos* et du *logos*, le philosophe-poète qu'est Parménide affirme donc que l'être est sphérique. Désormais, on percevra les échos de cette conviction primitive dans toute la philosophie grecque. On peut facilement établir que, dans la cosmologie platonicienne, le cercle fonctionne comme l'image insigne en ce monde de l'identité parfaite des Formes[15]. Car le monde visible a été façonné par le divin démiurge d'après un modèle dont le *Timée* (29 a 1 sq.) affirme qu'il existe «κατὰ ταὐτὰ καὶ ὡσαύτως» — d'une manière tout à fait identique à lui-même. Cependant, cette identité sans faille, qui appartient en propre au monde intelligible, ne saurait être reproduite dans l'ordre phénoménal. Dans celui-ci, en effet, la figure qui reflète le mieux l'identité est la sphère, parce que celle-ci est «la plus semblable à elle-même»:

> (T20) Quant à sa figure, il lui a donné celle qui lui convient le mieux et qui a de l'affinité avec lui. (…)
> C'est pourquoi le Dieu a tourné le Monde en forme sphérique et circulaire, les distances étant partout égales, depuis le centre jusqu'aux extrémités. C'est là de toutes les figures la plus parfaite et la plus semblable à elle-même (ὁμοιότατον αὐτὸ ἑαυτῷ). En effet, le Dieu pensait que le semblable est mille fois plus beau que le dissemblable[16].

---

[14] Cfr L. BALLEW, *Straight and Circular in Parmenides and the «Timaeus»* (1974), p. 198 n. 34.

[15] Pour l'esquisse historique qui suit sur Platon et Aristote, cfr P.W. ROSEMANN, *«Homo hominem generat, canis canem, et Deus Deum non generat?»* (1994), pp. 159-163.

[16] PLATON, *Œuvres complètes*, t. X: *Timée — Critias*. Texte établi et traduit par A. RIVAUD (1956), 33 b 1-8 (p. 146).

Selon Platon, le moyen caractéristique par lequel cet élément du monde phénoménal qu'est l'homme reflète la permanence des Formes est la fécondité — qui peut s'entendre en un sens charnel, mais aussi, et surtout, spirituel[17]. Étant donné que l'être humain est périssable, l'identité parfaite et permanente des Formes immuables est hors de sa portée, de sorte que la seule identité accessible à l'homme est de caractère *générique*; ce n'est pas l'homme individuel (avec ses connaissances) qui se conserve, mais bien l'*espèce* humaine:

> (T21) C'est ainsi que tout être mortel se conserve, non qu'il soit jamais exactement le même (οὐ τῷ παντάπασι τὸ αὐτὸ εἶναι), comme l'être divin, mais du fait que ce qui se retire et vieillit laisse la place à un être neuf, qui ressemble à ce qu'il était lui-même (οἷον αὐτὸ ἦν)[18].

Le mouvement procréateur, par lequel l'être humain aspire à l'identité divine est, de par sa nature, *circulaire*: un homme engendre un homme, une connaissance en engendre une autre, un x engendre un autre x.... Nous voyons que, dans la conception de Platon, le caractère «divin» de la procréation (cfr *Banquet*, 206 c 6) n'est pas seulement dû au fait que celle-ci constitue un mouvement vers l'immortalité; c'est par sa *circularité* générique que la reproduction témoigne des origines transcendantes du monde visible. La reproduction fait partie de l'aspiration globale de ce monde à surmonter ce qu'il y a en lui de discontinu, pour copier l'identité parfaite des Formes.

Si chez Platon ce n'est que le monde empirique qui revêt une structure sphérique ou circulaire, chez Aristote le cercle est érigé en principe universel de la cosmologie. Du Stagi-

---

[17] «κατὰ τὸ σῶμα καὶ κατὰ τὴν ψυχήν», *Banquet*, 206 c 2 sq.
[18] PLATON, *Œuvres complètes*, t. IV, 2ᵉ partie: *Le Banquet*. Notice de L. ROBIN. Texte établi et traduit par P. VICAIRE. Avec le concours de J. LABORDERIE (1989), 208 a 7-b 2 (p. 64).

rite on a même pu dire que sa «cosmologie apparaît (…) comme un système ordonné qui est basé sur différents niveaux d'auto-réflexivité»[19]. Ce système culmine, comme on le sait, dans la «pensée de la pensée» du Moteur Immobile[20], mais en fait, chaque échelon de l'être possède sa propre forme de «retour sur lui-même» (ἀνάκαμψις), dont la perfection correspond à la dignité de cet être dans l'ensemble du cosmos[21]. L'analyse aristotélicienne de ces différentes formes d'ἀνάκαμψις n'est pas toujours très poussée; et pourtant nous trouvons dans le corpus aristotélicien des descriptions assez détaillées du mouvement circulaire des corps célestes, de la transformation circulaire des éléments, du cercle de l'histoire et, surtout, du cercle de la vie. Dans le livre B, chapitre 4 du *De l'âme*, ce dernier cercle est représenté en des termes qui, au dire d'un commentateur moderne, constituent «l'écho scientifiquement sobre et dépourvu d'ornements»[22] de la conception platonicienne:

> (T22) En effet, la plus naturelle des fonctions pour tout être vivant parfait, qui n'est pas incomplet ou dont la génération n'est pas spontanée, c'est de produire un autre vivant semblable à soi (τὸ ποιῆσαι ἕτερον οἷον αὐτό): l'animal produit un animal, la plante une plante, pour participer à l'éternel et au divin autant que possible (ἵνα τοῦ ἀεὶ καὶ τοῦ θείου μετέχωσιν); tous les êtres en effet y aspirent et c'est à cette fin qu'ils agissent en toute leur activité naturelle. (…) Puis donc qu'il est impossible de communier à

---

[19] K. OEHLER, *Der Unbewegte Beweger des Aristoteles* (1984), p. 93.

[20] On trouvera un bon résumé de la discussion autour de la notion difficile de νόησις νοήσεως dans l'article de Th. DE KONINCK, *La «Pensée de la Pensée» chez Aristote* (1991).

[21] Un texte significatif pour l'ἀνάκαμψις comme phénomène universel est *De gen. et corr.*, B 11, 338 b 6-18.

[22] K. OEHLER, *Ein Mensch zeugt einen Menschen* (1963), p. 40.

l'éternel et au divin de manière continue — car aucun
être corruptible ne peut persister dans son identité et
son unité individuelle (ταὐτὸ καὶ ἓν ἀριθμῷ) —, c'est
dans la mesure où chacun peut y avoir part qu'il y
communie, l'un plus, l'autre moins; et s'il persiste
dans l'être, ce n'est pas en lui-même mais semblable à
lui-même, non pas dans son unité individuelle mais
dans l'unité de l'espèce (οὐκ αὐτὸ ἀλλ᾽ οἷον αὐτό,
ἀριθμῷ μὲν οὐχ ἕν, εἴδει δ᾽ ἕν)[23].

Le cercle de l'engendrement naturel apparaît dans ce passage comme le paradigme de la manière dont tout être tend
à s'approcher de l'identité et de l'unité accomplies («ταὐτὸ
καὶ ἓν ἀριθμῷ») qui sont celles du Premier Moteur. Un animal produit un animal, une plante une plante, etc. Ce sont
là des exemples d'une «loi de synonymie»[24] d'après laquelle
le procréateur et sa progéniture répondent à la même définition et qui peut même être étendue aux substances inani-
mées:

(T23) Après cela, disons que chaque substance procède
d'un agent synonyme d'elle-même (car sont substances
les êtres naturels et aussi les autres choses). Les êtres,
en effet, naissent soit de l'art, soit de la nature, soit de
la fortune, soit du hasard. L'art est un principe de
mouvement résidant dans une autre chose, tandis que
la nature est un principe résidant dans la chose même,
car l'homme engendre l'homme; les autres causes ne

---

[23] ARISTOTE, De l'âme. Texte établi par A. JANNONE. Traduction et notes
de E. BARBOTIN (1966), 415 a 26-b 7 (pp. 38 sq.).
[24] Franz Brentano fut, paraît-il, le premier à utiliser ce terme, notamment
dans son Aristoteles und seine Weltanschauung (1911), pp. 62-66: «Das
Gesetz der Synonymie». L'on sait bien que «synonyme» n'a pas, chez
Aristote, le même sens que dans la langue française contemporaine: en
fait, est synonyme, selon le Stagirite, ce qui partage le même nom et la
même définition de son οὐσία (cfr Cat. 1, 1 a 5 sq.).

sont que des privations de ces deux principes (*Met.* Λ3, 1070 a 4-9)[25].

«L'homme engendre l'homme — ἄνθρωπος ἄνθρωπον γεννᾷ» est pour Aristote l'exemple qui donne la quintessence de la loi de synonymie: dans cette phrase se résume le schéma non seulement de la causalité efficiente naturelle, mais aussi de la causalité qui est à l'œuvre dans l'art — après tout, n'est-il pas vrai que «la maison vient de la maison qui est dans l'esprit» (*Met.* Z9, 1034 a 23 sq.)[26]? Cet exemple: «l'homme engendre l'homme», qu'on trouve maintes fois dans les œuvres d'Aristote[27], comprend donc la structure de la causalité efficiente et, à travers celle-ci, du réel lui-même. La circularité de celui-ci est la trace de son mouvement inlassable vers la perfection du Premier Moteur et, du fait de l'universalité de ce mouvement, elle est aussi le signe de sa cohérence interne[28].

On le voit: Aristote lui-même aurait déjà pu écrire la phrase que saint Thomas a trouvée chez le néoplatonicien Proclus selon laquelle «toute chose qui retourne sur elle-même subsiste en soi» (πᾶν τὸ πρὸς ἑαυτό ἐπιστρεπτικὸν αὐθυπόστατόν ἐστιν). Il y a pourtant une différence cruciale entre la conception du retour sur soi chez Aristote d'une

---

[25] ARISTOTE, *La Métaphysique*. Nouvelle édition, entièrement refondue, avec commentaire par J. TRICOT (1953), pp. 649 sq.

[26] *Ibid.*, p. 396.

[27] Pour une liste complète des références, on consultera H. BONITZ, *Index Aristotelicus* (1955), p. 59, col. b, ll. 40-45. L'étude la plus circonstanciée sur ἄνθρωπος ἄνθρωπον γεννᾷ chez Aristote est celle de K. OEHLER, *Ein Mensch zeugt einen Menschen* (1963).

[28] «Darum wird für Aristoteles der Satz: "Ein Mensch zeugt einen Menschen" ἄνθρωπος ἄνθρωπον γεννᾷ zum formelhaften Ausdruck für das wahre Wesen des Begriffs und des Seins überhaupt, für die Kreisform der φύσις» (E. FRANK, *Das Problem des Lebens bei Hegel und Aristoteles* [1927], p. 616).

part, et chez les néoplatoniciens d'autre part. Dans l'œuvre du Stagirite, le retour est conçu comme étant exclusivement «horizontal», c'est-à-dire qu'il désigne un mouvement au sein duquel, dans chaque ordre formel, les membres de cet ordre s'épanouissent dans le monde en effectuant un mouvement réflexif ou circulaire *qui reste effectivement confiné à ce même ordre*. La causalité aristotélicienne ne permet pas de penser la possibilité d'un retour qui traverse plusieurs ordres affectés d'une dignité ontologique différente avant de revenir au point de départ. Or c'est justement cette dimension «verticale» du retour que les néoplatoniciens développèrent davantage: selon ces derniers, toute la multiplicité du cosmos s'explique comme *un* mouvement d'«émanation» (πρόοδος) et de retour (ἐπιστροφή) avec un seul principe comme origine et comme fin. Ce mouvement global est copié et repris à tous les différents niveaux ontologiques[29]. Thomas d'Aquin renoue avec cette théorie néoplatonicienne du retour quand, par exemple, il écrit dans son *Commentaire sur les Sentences*:

> (T24) Dans la sortie (*in exitu*) des créatures du
> premier principe, l'on constate une certaine circulation
> (*circulatio*) ou un certain mouvement giratoire
> (*regiratio*), à cause du fait que toutes choses s'en
> retournent au principe d'où elles sont issues, et qui
> fonctionne alors comme leur fin[30].

Outre qu'elles sont utiles pour connaître les sources de la conception thomiste du retour, les considérations histo-

---

[29] Sur le cercle de l'émanation et du retour chez Plotin et Proclus, cfr P.W. ROSEMANN, *«Omne agens agit sibi simile»* (1995), pp. 57-96.

[30] «(...) in exitu creaturarum a primo principio attenditur quaedam circulatio vel regiratio, eo quod omnia revertuntur sicut in finem in id a quo sicut a principio prodierunt» (*In Sent.*, lib. I, dist. 14, qu. 2, art. 2, c). Cfr aussi *ibid.*, lib. IV, dist. 49, qu. 1, art. 3, c, sol. 1: «ut sic in rebus quaedam circulatio inveniatur [etc.]».

riques précédentes montrent bien que la circularité ou sphéricité de l'être est envisagée déjà chez les Grecs comme un
dynamisme, un mouvement «vivant» — il ne s'agit pas
d'une structure statique et immobile. Surtout pour Aristote[31], être n'est pas seulement être circulaire ou réflexif,
c'est *se mouvoir, agir, devenir cause* réflexivement: son
exemple «l'homme engendre l'homme» le prouve à l'évidence.

L'«opération» comme condition de l'être

Nous avons découvert dès la première section du présent
chapitre que le principe fondamental de l'ontologie thomiste
— «tout étant n'est quelque chose qu'en n'étant pas quelque
chose d'autre» — implique et débouche immédiatement sur
une conception selon laquelle l'être doit «devenir» lui-même
dans un mouvement dialectique. Car l'être, avons-nous dit,
doit pour ainsi dire «sortir» de son en-soi, s'éloigner de lui-
même et s'aliéner lui-même pour constituer, dans ce mouvement aliénant, sa propre identité. C'est pourquoi on lit
souvent sous la plume du Docteur angélique que

> (T25) une chose, quelle qu'elle soit, est dite *être* en
> raison de (*propter*) son opération[32],

ou que, simplement,

> (T26) toute chose *est* en raison de (*propter*) son opération[33].

«En raison de» (*propter*) indique ici une causalité finale:
toute chose existe *pour* agir; elle a sa «raison d'être» dans

---

[31] Pour Platon, le mouvement circulaire est, nous l'avons vu, plutôt un
signe de l'imperfection qui caractérise le monde sensible.
[32] «(...) res unaquaeque dicitur esse *propter suam operationem*» (*S.T.*
I³II³ᵉ, qu. 3, art. 2, c; *Ed. leon.* VI: 27).
[33] «Secundo quia, cum *quaelibet res sit propter suam operationem* (...)»
(*S.T.* III³, qu. 9, art. 1, c; *Ed. leon.* XI: 138).

l'activité ou dans l'épanouissement[34] — ce qui veut dire qu'inversement, une chose sans activité et sans épanouissement ne serait simplement rien: car l'existence n'est pas pensable en dehors du sens que lui confère sa fin. *Subtracto enim fine, relinquitur vanitas*[35], saint Thomas lui-même écrit dans la belle préface de son *Commentaire sur les Sentences*: enlève la fin, et tu n'auras rien.

Pour être, l'étant doit alors se rapporter à l'«autre», c'est-à-dire qu'il doit sortir de soi et s'extérioriser dans une «opération». Pourtant cette sortie et cette opération soulèvent elles-mêmes un problème. Si l'étant doit effectuer une sortie de soi, quelle forme cette dernière prendra-t-elle? Se rapporter à l'autre, cela ne peut se faire d'une manière générale et tout abstraite. Un être humain se rapporte autrement à son environnement qu'un chien ou une pierre. La sortie de soi, qui constitue l'être de l'étant en lui fournissant sa «raison d'être», doit s'enraciner dans une nature qui existe, paradoxalement, «avant» que la sortie n'ait lieu — sinon, la sortie serait dénuée de toute forme concrète. Comme le dit saint Thomas,

> (T27) toute opération est spécifiée par la forme qui est le principe de l'opération, comme, par exemple, le réchauffement est spécifié par la chaleur[36].

Ou peut-être encore plus nettement:

[34] Cfr *In De caelo*, lib. II, cap. 3, lect. 4, §5 (*Ed. leon.* III: 136): «Hoc igitur modo etiam Aristoteles hic loquitur, dicens quod unumquodque quod habet propriam operationem, est propter suam operationem: quaelibet enim res appetit suam perfectionem sicut suum finem, operatio autem est ultima rei perfectio»; *In Sent.*, lib. IV, dist. 49, qu. 3, art. 4, ad 3^am qu., ad 4: «(…) cujuslibet res finis est sua perfectissima operatio».
[35] *In Sent.*, lib. I, prologus S. Thomae.
[36] «Nam omnis operatio specificatur per formam quae est principium operationis, sicut calefactio per calorem» (*S. T.* I^a, qu. 14, art. 5, ad 3; *Ed. leon.* IV: 173).

(T28) Le mode d'opération de toute chose est une
conséquence de son mode d'être[37].

Conclusion: s'il est vrai que toute chose est appelée à sortir de soi et qu'elle ne devient «étante» que dans et par sa
réponse à cet appel, il est vrai aussi que cette sortie requiert
une forme qui la précède pour déterminer sa nature. Tout
rapport appelle donc, comme l'a bien fait ressortir le P. Breton,

> d'une part, le passage à un autre que soi, d'autre part,
> l'enracinement de ce mouvement centrifuge. S.
> Thomas affirme la nécessité de ces deux aspects
> complémentaires. Il n'est point d'être qui se réduise à
> son horizon interne. Le principe de relativité ainsi
> entendu a une évidence métaphysique. Inversement, il
> n'y a point de rapport qui n'ait un support et un
> fondement dans l'être qui se réfère[38].

Nous nous trouvons évidemment ici dans une structure
circulaire:

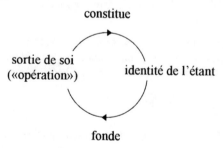

constitue

sortie de soi
(«opération»)   identité de l'étant

fonde

Toutefois, loin d'indiquer une aporie fatale, le cercle
décrit par l'implication mutuelle de la sortie hors de soi de
l'étant d'une part, et de l'identité formelle de celui-ci d'autre

---

[37] «(...) modus operandi uniuscuiusque rei sequitur modum essendi
ipsius» (*S. T.* Iᵃ, qu. 89, art. 1, c; *Ed. leon.* V: 370).
[38] S. BRETON, *La déduction thomiste des catégories* (1962), p. 15.

part, est le signe d'une bipolarité irréductible que nous rencontrerons encore plusieurs fois dans la pensée thomiste. Au vrai, toutes ces structures bipolaires sont dues à l'enchevêtrement fondamental de l'identité et de la différence que nous avons constatée plus haut (voir p. 51). Pas plus que l'*aliquid* ne se laisse isoler de l'*unum*, la sortie de soi ne peut être pensée sans une identité foncière — qui n'est pourtant pas indépendante du mouvement de sortie...

La structure réflexive de l'opération et les différents degrés de ressemblance causale

Toute opération signifie une rencontre avec l'«autre»; car c'est pour se mettre en rapport avec l'autre et pour s'en distinguer que l'étant sort de soi en s'extériorisant dans une opération. Nous devons alors creuser davantage la nature de ce rapport existant entre l'étant et son «autre».

L'étant agit dans le but de *se* retrouver dans son opération. Si l'étant nie son en-soi, ce n'est pas pour devenir absolument «autre», mais pour *se* reconnaître dans et par le détour à travers l'«autre» — pour décrire cette situation, nous avons ci-dessus usé de la formule (d'ailleurs hégélienne) selon laquelle l'étant doit «nier sa propre négation»[39]. Il s'agit dès lors pour l'étant d'arrêter le mouvement aliénant qui l'attire vers l'autre et risque de l'éloigner de plus en plus de ce qu'il est «en lui-même» ou, autrement dit, il s'agit pour lui de «re»trouver son identité dans la différence. Or la seule manière pour ce faire est l'assimilation de l'autre à l'identité de l'étant d'où émane l'opération.

La dialectique que nous sommes en train d'analyser se laisse d'ailleurs illustrer par ce qui se passe bien souvent

---

[39] Cfr ci-dessus, p. 51.

dans les relations humaines. Fréquemment en effet, on vient à aimer ou à estimer une personne parce qu'elle semble posséder quelque chose qu'on n'a pas soi-même: c'est sa «différence» qui fascine. J'admire telle personne parce qu'elle semble mener une vie beaucoup plus intéressante que la mienne, puisqu'elle est cultivée en des domaines dont je ne sais rien, puisqu'elle semble pénétrée d'une spiritualité dont l'intensité me frappe, etc. Et j'espère que par elle et, pour ainsi dire, en ayant part à ses qualités, je deviendrai peut-être plus «moi-même». Or une fois que l'on «sort de soi», qu'on noue des rapports plus étroits, on tentera presque immanquablement (et peut-être même sans le vouloir) de rendre le nouvel ami plus «sien» — en l'intégrant dans son propre environnement par exemple, ou en essayant de le rallier à ses propres idées.

Mais revenons à Thomas d'Aquin. D'après celui-ci aussi, toute opération comporte un élément assimilateur. C'est en ce sens qu'il faut comprendre l'extrait suivant des *Questions disputées sur la puissance*:

> (T29) Il faut dire que la nature de tout acte est de se communiquer dans la mesure du possible. Tout agent déploie dès lors son action conformément à ce qu'il est en acte. Or agir n'est rien d'autre que communiquer ce par quoi l'agent est en acte, et ceci dans la mesure du possible[40].

«Dans la mesure du possible»! Puisque l'«autre» sur lequel l'opération porte aura également une tendance à s'épanouir, qui s'opposera à celle de l'agent, aucune action ne parvien-

---

[40] «Dicendum, quod natura cuiuslibet actus est, quod seipsum communicet quantum possibile est. Unde unumquodque agens agit secundum quod in actu est. Agere vero nihil aliud est quam communicare illud per quod agens est actu, secundum quod est possibile» (*Qu. disp. de potentia*, qu. 2, art. 1, c).

dra à s'assimiler tout à fait l'«autre» avec lequel elle entre en contact. D'où la «loi de similitude»[41]:

> (T30) Comme tout agent, en tant qu'agent, produit quelque chose qui lui ressemble (*omne agens agat sibi simile*), comme d'autre part tout agent agit selon sa forme, il est nécessaire que dans l'effet il y ait une ressemblance avec la forme de l'agent[42].

L'opération se concrétise dans une *ressemblance* (*similitudo*) entre l'agent et son effet, c'est-à-dire dans un rapport qui relève à la fois de l'identité et de la différence. L'identité vient du fait que l'étant doit sortir de *soi* pour être: il doit et ne peut agir que «selon *sa* forme», comme le formule le Docteur angélique. En revanche, la différence est due au fait qu'il doit *sortir* de soi pour être: dans sa quête de soi, il subit inéluctablement l'influence de l'«autre» qu'est son environnement. C'est pourquoi l'opération représente une constante oscillation, pour ainsi dire, entre les pôles de l'identité et de la différence, du même et de l'autre: «l'opération, déclare en effet saint Thomas, est une sorte de milieu (*medium*) entre l'instance qui agit et celle sur laquelle l'action porte»[43]. À cause de l'universalité de cette structure de ressemblance et de sa nécessité dans le cercle dans lequel l'être «devient» lui-même, Étienne Gilson a pu écrire qu'«il y a

---

[41] L'expression «loi de similitude» vient d'Augustin Mansion, qui l'utilisait à propos de la métaphysique d'Aristote et de son principe d'après lequel «l'homme engendre l'homme»: cfr A. MANSION, *Introduction à la physique aristotélicienne* (1987), p. 238.

[42] «Cum enim omne agens agat sibi simile inquantum est agens, agit autem unumquodque secundum suam formam, necesse est quod in effectu sit similitudo formae agentis» (*S.T.* Iᵃ, qu. 4, art. 3, c; *Ed. leon.* IV: 54).

[43] «(…) operatio est quasi medium inter operans et operatum» (*In Sent.*, lib. I, dist. 37, qu. 3, art. 2, ad 3).

peu de formules qui reviennent plus souvent chez saint Thomas» que la loi de similitude[44].

Nous avons dit que, dans la mesure où son «autre» lui oppose une force d'épanouissement plus ou moins grande, l'étant en opération marquera cet autre d'une empreinte plus ou moins profonde. Saint Thomas distingue quatre cas:

> (T31) On dit de deux manières qu'un effet est dans sa cause. D'abord, (…). Ensuite, par ressemblance à elle (*per sui similitudinem*), et ceci en tant que la cause produit un effet qui lui ressemble — ce qui peut avoir lieu de quatre manières.
>
> D'une première manière, la ressemblance entre l'effet et la cause a lieu lorsque la ressemblance de l'effet se trouve dans la cause selon l'être naturel (*secundum esse naturale*) et selon la même définition (*secundum eandem rationem*), comme c'est le cas dans les effets univoques. On peut dire que la chaleur de l'air est selon ce mode dans le feu qui chauffe.
>
> D'une deuxième manière, la ressemblance entre l'effet et la cause a lieu lorsque la ressemblance de l'effet est dans la cause selon l'être naturel, mais non selon la même définition, comme cela paraît être le cas dans les effets équivoques. La chaleur de l'air est dans le soleil selon ce mode.
>
> D'une troisième manière, la ressemblance entre l'effet et la cause a lieu lorsque la ressemblance de l'effet est dans la cause non selon l'être naturel, mais selon l'être spirituel (bien qu'il soit latent [*quietum*]), comme les ressemblances des artéfacts sont dans l'esprit de l'artiste: car la forme de la maison dans le bâtisseur n'est pas quelque nature, comme l'est la vertu[45] chauffante dans le soleil ou la chaleur dans le

---

[44] É. GILSON, *L'esprit de la philosophie médiévale* (1989), p. 97.

[45] Par «vertu» nous rendons le mot latin *virtus*. Dans des contextes non

feu; en revanche, c'est quelque dessein intelligible (*quaedam intentio intelligibilis*) qui est latent en l'âme.

D'une quatrième manière, la ressemblance entre l'effet et la cause a lieu lorsque la ressemblance de l'effet n'est dans la cause ni selon la même définition, ni en tant que quelque nature, ni en tant que latent, mais à la manière d'un certain écoulement (*per modum cuiusdam defluxus*). C'est de cette façon, par exemple, que les ressemblances des effets sont dans les instruments, par la médiation desquels les formes s'écoulent (*defluunt*) des causes principales dans les effets[46].

1° La première manière pour un étant de rencontrer son «autre» est l'assimilation parfaite. C'est ainsi qu'on pourrait traduire ce que saint Thomas exprime en usant de la terminologie de l'École lorsqu'il dit que, dans le cas des effets

éthiques, «vertu» signifie le «principe qui, dans une chose, est considéré comme la cause des effets qu'elle produit» (*Petit Robert* [1990], s.v. «vertu», II. 1°).

[46] «Effectus autem dicitur esse in causa dupliciter: uno modo (…) alio modo per sui similitudinem, secundum quod causa producit effectum sibi similem; et hoc contingit quatuor modis. Uno modo, quando similitudo effectus est in causa secundum esse naturale et secundum eandem rationem, sicut est in effectibus univocis; per quem modum potest dici quod calor aeris est in igne calefaciente. Secundo, quando similitudo effectus est in causa secundum esse naturale, sed non secundum eandem rationem, sicut patet in effectibus aequivocis, per quem modum calor aeris est in sole. Tertio modo, quando similitudo effectus est in causa non secundum esse naturale, sed spirituale, tamen quietum, sicut similitudines artificiatorum sunt in mente artificis; forma enim domus in aedificatore non est natura quaedam, sicut virtus calefactiva in sole vel calor in igne, sed est quaedam intentio intelligibilis in anima quiescens. Quarto modo, quando similitudo effectus non secundum eandem rationem neque ut natura quaedam neque ut quiescens sed per modum cuiusdam defluxus est in causa, sicut similitudines effectuum sunt in instrumentis, quibus mediantibus defluunt formae a causis principalibus in effectus» (*Qu. disp. de veritate*, qu. 27, art. 7, c; *Ed. leon.* XXII, 3: 815).

«univoques», la cause et l'effet sur lequel porte son opération se ressemblent à la fois quant à leur être naturel (c'est-
à-dire leur être hors de l'esprit, leur existence dans la «réalité») et quant à leur définition. Dans l'exemple de la
chaleur de l'air, l'étant «feu» s'extériorise dans une opération, à savoir l'opération «chauffer», et se communique par
cette opération parfaitement à l'«autre» étant qu'est l'air.
Soulignons pourtant que l'air n'est atteint et, dès lors, transformé que par l'aspect du feu qui se communique dans
l'opération (c'est-à-dire la chaleur). En d'autres termes, la
ressemblance entre la «cause» et l'«effet» est une ressemblance entre, d'une part, un aspect précis qui appartient à
un premier étant et s'extériorise dans une opération de cet
étant et, d'autre part, un aspect précis qui, dans un second
étant, résulte de cette opération.

2° La deuxième sorte de similarité qui peut exister entre
la cause et l'effet consiste en une ressemblance seulement
«équivoque». Il s'agit là d'une ressemblance réelle («selon
l'être naturel»), mais dans laquelle l'aspect transmis par
l'opération ne se trouve pas de la même façon dans la cause
et dans l'effet, si bien qu'il ne répond pas à la même définition ici et là. D'après l'astronomie médiévale, par exemple,
le soleil n'est pas lui-même chaud, bien qu'il produise dans
les choses sublunaires un effet chauffant[47]. C'est, dirait
Thomas d'Aquin, que la chaleur est contenue dans le soleil
eminentiori modo[48] — «d'une manière plus éminente» que
celle que nous observons dans le monde d'ici-bas.

3° Troisièmement, certains étants doués d'intelligence ne
se répandent pas dans leur environnement d'une manière
seulement physique, car leurs opérations proviennent d'une

---

[47] Cfr aussi *In Sent*, lib. I, dist. 8, qu. 1, art. 2, c: «(…) sol facit calorem
qui non est calidus.»
[48] Cfr *S.T.* I, qu. 4, art. 2, c; *Ed. leon.* IV: 51.

source immatérielle. Ces étants s'efforceront de nier leur «autre» en le façonnant d'après leur propre «être spirituel», c'est-à-dire d'après une image de l'«autre» qu'ils ont conçue dans leur esprit. Leur opération consistera alors dans un effort pour traduire cette image encore «latente» dans la réalité. L'exemple standard que le Docteur angélique cite à propos de ce cas est l'«artiste» — mot qui désigne ici toute personne pratiquant un métier ou une technique difficile — qui produit un artefact (une maison, par exemple) d'après une idée préconçue.

4° Le dernier cas de ressemblance causale est déjà quelque peu marginal. Souvent, un étant qui s'épanouit dans et par son opération n'agit pas directement, mais se sert d'intermédiaires pour atteindre l'«autre» qui est l'objet de l'opération. Aussi l'«artiste» dont nous venons de parler usera-t-il de certains instruments ou outils pour réaliser l'idée qu'il a formée de son produit. Pour cette raison, l'Aquinate parle d'un écoulement ou, plus précisément, d'un «déflux» (*defluxus*) de la forme mentale dans les instruments et, à travers eux, dans l'artefact. Cette façon de parler nous paraît peut-être étrange; cependant, ce que saint Thomas dit recèle une vérité, notamment le fait que les outils, même si ce n'est pas directement sur eux que porte l'opération, sont pour ainsi dire entraînés dans le cercle d'épanouissement de l'étant agissant.

CHAPITRE II

LA *VERITAS REI* ET LA *VERITAS PRAEDICATIONIS.*
L'ORDRE ONTOLOGIQUE ET L'ORDRE PRÉDICAMENTAL

L'opération, fin de l'étant

L'étant doit s'extérioriser dans une opération pour être, car il n'existe que *pour* opérer, pour «faire effet» (voir T25 et T26). Or dans toute opération, il y a aussi, outre l'extériorisation et pour ainsi dire en contrepartie, un mouvement vers l'intérieur, dans lequel l'étant s'efforce de s'assimiler l'«autre» dont il a besoin pour devenir lui-même: d'où la loi de similitude. Toujours est-il qu'à l'exception d'un seul cas, — celui de Dieu, dont nous traiterons au cours de ce chapitre, — aucun effet n'est totalement identique à sa cause, au point qu'il ne resterait aucune différence entre les deux. Aucune cause ne saurait dès lors parfaitement récupérer son identité dans et par la différence de l'«autre» qu'est son effet. En d'autres mots, si la sujétion de l'étant au champ de l'autre que l'opération comporte peut être *réduite*, elle ne saurait être *éliminée*. Rappelons-nous l'extrait n° 8, que nous avons déjà vu dans un contexte différent:

> (T8) Chaque chose est reçue dans une autre selon le mode de ce qui la reçoit[1].

Cette «loi de l'autre» est inéluctable, même si la «chose reçue dans l'autre» le change à son tour. L'aliénation dont

---

[1] «(…) unumquodque recipitur in altero per modum recipientis» (*Qu. disp. de potentia*, qu. 7, art. 10, ad 10).

nous avons parlé dans le contexte de la dialectique de l'*unum* et de l'*aliquid* — c'est-à-dire l'aliénation que l'étant souffre de son propre «en-soi» lorsqu'il se met en rapport avec l'autre — est irréversible. En définitive, il est impossible qu'un étant devienne soi-même sans, en même temps, se perdre soi-même.

Le P. Joseph de Finance a admirablement décrit cette situation dans son ouvrage *De l'un et de l'autre*, qui représente d'ailleurs un des rares efforts pour repenser le thomisme dans le cadre de la problématique de l'altérité, si centrale dans le mouvement de la philosophie contemporaine. Les analyses du P. de Finance portent en premier lieu sur l'identité et la différence dans la constitution de l'être humain, mais elles peuvent facilement être généralisées. À propos du rapport du sujet à l'autre qu'il dénomme «avoir», le P. de Finance écrit ceci:

> L'autre «du dehors» est devenu quelque chose de moi, mais par le fait je suis moi-même devenu autre; une part de ma personnalité a été entraînée au dehors. En voulant réduire l'altérité de l'autre, le rapprocher de moi, je me suis du même coup rapproché de lui en me distançant de moi-même. Je ne suis plus en moi, dans ma vérité; je suis auprès de ce que j'appelle «mon bien» [que ce soit, par exemple, un ami ou un bien seulement physique]. Je porte un masque: pour les autres, pour moi-même, je suis, je vaux — pour une part au moins — ce que j'ai[2].

Si ce n'est pas seulement dans le cas de l'homme que «porter un masque» est la condition de l'existence, mais si tout étant doit «se masquer» pour être, — comme nous croyons l'avoir montré, — alors l'opération est la «fin» de l'étant dans le

---

[2] J. DE FINANCE S.J., *De l'un et de l'autre* (1993), p. 85. Cfr aussi P.W. ROSEMANN, *Penser l'Autre: les dimensions de l'altérité selon le P. J. de Finance* (1994), pp. 342 sq.

même double sens où la vérité fut, au début du présent travail, décrite comme la fin de la philosophie: l'opération «crée» l'étant, mais en le créant, elle lui inflige une blessure irrémédiable. Car l'opération rend l'identité de l'étant inaccessible même à lui-même: au moment où l'étant sort de son en-soi pour accéder à l'être, il se «barre», «barre» son en-soi. C'est la raison pour laquelle, d'après saint Thomas d'Aquin, l'«en-soi» de l'étant, sa «vérité» foncière, ne relève pas de l'ordre empirique:

> (T32) Étant donné que la question est de savoir si les choses existent plus véritablement en elles-mêmes que dans le Verbe, il faut faire une distinction: car l'expression «plus véritablement» (*li verius*) peut désigner soit la vérité ontologique (*veritatem rei*), soit la vérité de prédication (*veritatem praedicationis*). Si elle désigne la vérité ontologique, alors il est hors de doute que la vérité des choses est plus grande dans le Verbe que dans les choses elles-mêmes. Si, par contre, on désigne par là la vérité de prédication, alors c'est l'inverse: car l'homme est prédiqué plus véritablement de la chose qui existe dans sa propre nature que de cette même chose en tant qu'elle est dans le Verbe[3].

Autrement dit,

> (T33) absolument parlant (*simpliciter*), les choses naturelles ont l'être dans l'esprit divin plus véritablement qu'en elles-mêmes[4].

[3] «Cum ergo quaeritur utrum res verius sint in se ipsis quam in Verbo, distinguendum est quia li verius potest designare vel veritatem rei vel veritatem praedicationis: si designet veritatem rei, sic procul dubio maior est veritas rerum in Verbo quam in se ipsis: si autem designetur veritas praedicationis, sic est e converso: verius enim praedicatur homo de re quae est in propria natura quam de ea secundum quod est in Verbo» (*Qu. disp. de veritate*, qu. 4, art. 6, c; *Ed. leon.* XXII: 134).

[4] «(…) res naturales verius esse habent simpliciter in mente divina, quam in seipsis» (*S. T.* Iª, qu. 18, art. 4, ad 3; *Ed. leon.* IV: 230).

Négligeons pour l'instant les implications proprement théologiques de ces deux extraits. Ce qui compte dans le contexte de notre discussion présente, c'est que l'être des étants (créés) se trouve «plus véritablement» qu'en eux-mêmes dans une sphère qui ne leur est point accessible, une sphère transcendante. Pourquoi? Nous l'avons dit: c'est que l'être des étants en tant qu'existant dans l'ordre prédica-mental est caractérisé par une irréductible refente[5] qui sépare l'étant de son plus propre «en-soi», c'est-à-dire de son identité. Il y a, dès lors, deux «vérités» pour chaque étant, la vérité de son «en-soi», que Thomas d'Aquin quali-fie de *veritas rei*, et la vérité de son existence dans l'ordre prédicamental, la *veritas praedicationis*. Dans l'ordre prédi-camental, l'étant n'est pas pleinement lui-même, bien qu'il soit (et parce qu'il est) engagé dans une constante quête de soi. Dans l'ordre ontologique, l'étant existe sans fissure dans sa pleine vérité.

Retour à soi comme retour à Dieu

Ces deux vérités, ou ces deux ordres, ne sont pourtant pas sans connexion: la vérité ontologique doit être implici-

---

[5] La terminologie de la «refente» renvoie, bien entendu, aux travaux de Jacques Lacan, dont nous nous inspirons librement dans notre interpréta-tion de saint Thomas. Cfr J. LACAN, *Écrits* (1966), surtout pp. 816 et 842 sq. L'impossibilité pour l'étant de se rejoindre lui-même et de se posséder pleinement, c'est-à-dire le fait que l'étant (créé) n'est jamais pleinement présent à soi dans le processus de devenir lui-même, correspond largement à ce que l'école thomiste décrit traditionnellement comme la «distinction réelle» qui existerait entre l'être (*esse*) et l'essence (*essentia*) à l'intérieur de tout étant. Nous n'adopterons pourtant pas cette façon de parler, car elle suggère une extériorité entre l'être et l'essence qui — nous le verrons — va à l'encontre de l'esprit dialectique de la pensée de saint Thomas. Sur la distinction réelle, on trouvera un exposé clair et circonstancié chez L. DE RAEYMAEKER, *Philosophie de l'être* (1970), pp. 118-182.

tement présente dans l'ordre prédicamental comme sa condition de possibilité. En s'incarnant dans l'ordre prédicamental, l'étant laisse son identité pour ainsi dire derrière lui, mais sans y renoncer: car c'est dans le but de devenir *lui-même* que l'étant se lance dans le mouvement aliénant. L'identité perdue dans et par l'opération doit donc d'une certaine manière rester présente dans l'opération pour la guider: comme le formule le philosophe montréalais Claude Lévesque, la séparation de son identité lance l'étant «sur la piste de ce qu'il croit avoir perdu», à savoir de «la patrie d'origine, cette terre natale qui se transforme(...) après coup en terre promise, en terre d'élection»[6]:

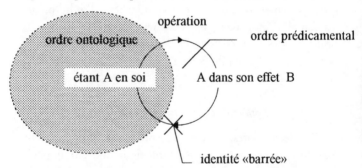

Aucun étant n'atteint à sa propre essence, écrit à ce sujet Jean-Luc Marion, qu'en la dérivant d'une plus essentielle vérité, l'*exemplar*, sis en l'entendement divin. En fait, l'étant ne devient lui-même qu'en référence, et donc en retard sur sa vérité propre qui ne cesse, en Dieu, de l'attendre. L'*exemplar* anticipe sur la vérité de l'étant qui s'y reconnaît étrangement précédé

---

[6] C. LÉVESQUE, *Le proche et le lointain* (1994), p. 157. Cfr également B. LAKEBRINK, *Hegels dialektische Ontologie und die thomistische Analektik* (1955), p. 290: «Die Hinbewegung zum Ziel ist zugleich aber auch Rückgang in den Anfang, denn es gibt kein Ziel ohne seine Heimkehr in den Anfang, es gibt keinen Anfang ohne seine Hinausbeziehung auf das Ziel.»

en Dieu par sa plus propre essence, se découvrant
comme en retrait sur lui-même[7].

Autrement dit, aucun étant ne possède en propre son
identité, sa *veritas rei*, mais celle-ci ne lui appartient qu'en
tant qu'il se réfère à ce qu'il est lui-même en Dieu:

> (T33[bis]) Comme le dit Avicenne dans sa *Métaphysique*,
> «la vérité ontologique (*veritas rei*) est la propriété de
> l'être de chaque chose, être qui lui appartient
> fermement (*stabilitum est ei*)» en tant qu'il est dans la
> nature de cette chose de donner lieu à une opinion
> vraie à son sujet, et en tant qu'elle imite sa propre
> définition qui est dans l'esprit divin[8].

Puisque chaque étant ne peut, dans et par son opération,
devenir lui-même qu'en visant à rejoindre ce qu'il est dans
sa *veritas rei*, c'est-à-dire finalement *en Dieu*, saint Thomas
peut déclarer dans la *Somme contre les gentils* que le bien et
la perfection propres à chaque chose se confondent avec
Dieu lui-même:

> (T34) Il devient alors manifeste que même les choses
> qui sont dépourvues de connaissance peuvent opérer
> pour une fin (*propter finem*) et désirer (*appetere*) le
> bien d'un désir naturel, ainsi que désirer la divine
> ressemblance et leur perfection propre. Il n'y a
> d'ailleurs aucune différence si l'on dit ceci ou cela. Car
> en tant que les choses tendent à leur perfection, elles
> tendent au bien, puisque toute chose est bonne dans la
> mesure où elle est parfaite. Or c'est selon qu'elle tend
> à être bonne qu'une chose tend à la divine

---

[7] J.-L. MARION, *Sur la théologie blanche de Descartes* (1991), p. 37.

[8] «Unde Avicenna dicit, in sua *Metaphysica*, quod *veritas rei est proprietas
esse uniuscuiusque rei quod stabilitum est ei*, inquantum talis res nata est de
se facere veram aestimationem, et inquantum propriam sui rationem quae
est in mente divina, imitatur» (*Summa contra gentiles*, lib. I, cap. 60,
§*Amplius*; *Ed. leon.* XIII: 173).

ressemblance; car quelque chose s'assimile à Dieu dans la mesure où elle est bonne. D'autre part, tel ou tel bien particulier est désirable dans la mesure où il est la ressemblance de la Bonté Première. Chaque chose tend donc à son propre bien (*proprium bonum*), puisqu'elle tend à la divine ressemblance, et non à l'inverse. D'où il est clair que toute chose désire la divine ressemblance comme fin dernière[9].

Résumons-nous avant de continuer, car les choses sont devenues assez compliquées. L'étant *se* cherche dans l'opération, mais cette dernière comporte un élément inéluctable d'aliénation. La quête de soi implique dès lors pour l'étant une immanquable perte de soi. C'est pourquoi Thomas d'Aquin considère que l'être de chaque étant existe «plus véritablement» dans l'ordre transcendant que dans l'ordre prédicamental, ou empirique. Cet ordre transcendant se confond avec l'esprit divin, ou le Verbe. L'Aquinate est dès lors conduit à la conviction que toute quête de soi est, au fond, une quête de Dieu. D'autre part, si l'en-soi de l'étant n'était pas d'une certaine façon présent dans l'opération, comment cette dernière pourrait-elle constituer ce qu'elle est, c'est-à-dire une recherche de *soi*? Or qu'est-ce que cela

---

[9] «Planum igitur fit quod ea etiam quae cognitione carent, possunt operari propter finem; et appetere bonum naturali appetitu; et appetere divinam similitudinem; et propriam perfectionem. Non est autem differentia sive hoc sive illud dicatur. Nam per hoc quod tendunt in suam perfectionem, tendunt ad bonum: cum unumquodque in tantum bonum sit in quantum est perfectum. Secundum vero quod tendit ad hoc quod sit bonum, tendit in divinam similitudinem: Deo enim assimilatur aliquid inquantum bonum est. Bonum autem hoc vel illud particulare habet quod sit appetibile inquantum est similitudo primae bonitatis. Propter hoc igitur tendit in proprium bonum, quia tendit in divinam similitudinem, et non e converso. Unde patet quod omnia appetunt divinam similitudinem quasi ultimum finem» (*Summa contra gentiles*, lib. III, cap. 24; *Ed. leon.* XIV: 63).

implique pour la transcendance du Verbe et de Dieu, c'est-à-dire le «lieu» de l'en-soi? Dieu est-il présent dans l'opération?

La présence de Dieu dans l'opération

De fait, Dieu est doublement présent dans l'opération: à la fois comme sa fin et comme sa source. Ceci n'est d'ailleurs point surprenant, si l'on se rend compte du fait que l'opération est un mouvement «hors de soi vers soi», et que ce «soi», étant barré, est, en dernière analyse, identique à la *veritas rei* dans l'esprit divin.

Après ce que nous venons de dire, l'on comprendra déjà aisément que Dieu soit la fin de l'opération, dans laquelle l'étant s'extériorise dans un «autre» effet. Car en opérant ou agissant, il s'agit pour l'étant d'établir une identité qui ne se trouve pas dans l'ordre prédicamental considéré en lui-même. Dès lors, l'ordre transcendant de la *veritas rei* doit d'une certaine façon «guider» l'opération, pour reprendre notre formule. Saint Thomas d'Aquin écrit à ce sujet:

> (T35) En effet, la chose créée tend à la divine
> ressemblance par son opération. Or, par son opération,
> une chose devient la cause d'une autre. Par
> conséquent, les choses visent à la divine ressemblance
> aussi en ce qu'elles sont les causes des autres[10].

Quoi qu'un étant fasse, quel que soit l'objet particulier auquel il se rapporte en agissant: en dernière analyse, c'est

---

[10] «Tendit enim in divinam similitudinem res creata per suam operationem. Per suam autem operationem una res fit causa alterius. Ergo in hoc etiam res intendunt divinam similitudinem ut sint aliis causae» (*Summa contra gentiles*, lib. III, cap. 21, §*Tendit enim*; *Ed. leon.* XIV: 50). Cfr aussi *ibid.*, cap. 24, §*Ex quo patet*; *Ed. leon.* XIV: 63: «(...) unumquodque tendens ad hoc quod sit aliorum causa, tendit in divinam similitudinem, et nihilominus tendit in suum bonum.»

toujours Dieu qu'il cherche (en se cherchant soi-même). Inversement, toute chose particulière ne paraît désirable qu'en tant qu'elle est pour ainsi dire colorée par la fin dernière, ou en tant qu'elle reflète la bonté divine: c'est ce que saint Thomas veut dire dans l'extrait précédent (T34) par la phrase que «tel ou tel bien particulier est désirable dans la mesure où il est la ressemblance de la Bonté Première».

Cependant, Dieu n'est pas uniquement la fin dernière de toute opération, il en est également le premier moteur. Nous avons vu dans le chapitre précédent que l'identité de l'étant qui est constituée par l'opération est paradoxalement présupposée par cette dernière et doit donc la «précéder»; car

> (T28) le mode d'opération (*modus operandi*) de toute chose est une conséquence de son mode d'être (*modus essendi*)[11].

Mais comment le *modus essendi* peut-il «précéder» l'opération si l'étant n'existe que dans et par cette dernière (T25 et 26)? Réponse: le *modus essendi* tient son origine du même ordre transcendant que la fin de l'opération, c'est-à-dire d'un ordre qui n'est pas saisissable dans le monde empirique, mais est néanmoins présent en lui comme sa «condition de possibilité». Toute activité de l'étant est, si l'on veut, ancrée en Dieu Lui-même — ce qui ne revient d'ailleurs pas à dire qu'il n'y ait que Dieu qui agisse! Tout au contraire:

> (T36) Est-ce que quelque chose d'autre que Dieu produit quelque chose?
>
> (…)
>
> Je réponds: Il faut dire qu'il y a trois positions au sujet de cette question.

---

[11] «(…) modus operandi uniuscuiusque rei sequitur modum essendi ipsius» (*S. T.* Iª, qu. 89, art. 1, c; *Ed. leon.* V: 370).

L'une d'elles est que Dieu fait tout immédiatement
(*Deus immediate operetur omnia*), de sorte que rien
d'autre n'est la cause de quelque chose. Cette position
va si loin que ses partisans disent que ce n'est pas le
feu qui chauffe, mais Dieu, et que ce n'est pas la main
qui se meut, mais que Dieu cause son mouvement, et
ainsi de suite. Mais cette position est stupide (*stulta*):
car elle supprime l'ordre de l'univers et l'opération
propre émanant des choses, aussi bien qu'elle détruit le
jugement des sens.

La seconde position est celle de certains philosophes
qui, pour sauvegarder les opérations propres des
choses, nient que Dieu crée tout immédiatement. Par
contre, ils disent qu'Il serait immédiatement la cause
de la première chose créée, et que celle-ci serait la
cause d'une autre, et ainsi de suite. Mais cette opinion
est erronée: car, selon la foi, nous ne posons pas les
anges comme des créateurs, mais Dieu seul comme le
créateur de toutes choses, visibles et invisibles.

La troisième position est que Dieu fait tout
immédiatement et que les choses singulières possèdent
leurs opérations propres (*proprias operationes habent*),
par lesquelles elles sont les causes prochaines des
choses — pourtant pas de toutes, mais seulement de
certaines. [En effet, les anges, les âmes rationnelles, la
matière première, les corps célestes et le «premier»
membre de chaque espèce sont immédiatement créés
par Dieu, pour des raisons que Thomas explique, mais
qui ne nous intéressent pas ici.] Cependant, des autres
choses qui sont produites par le mouvement et par la
génération, la créature peut en être la cause, soit de
telle façon qu'elle exerce une causalité sur toute
l'espèce, comme le soleil est une cause dans la
génération de l'homme ou du lion, soit de telle
manière qu'elle exerce une causalité sur un individu de
l'espèce seulement, comme l'homme produit l'homme,
et le feu, le feu. Toujours est-il que Dieu est également

la cause de ces choses, opérant plus intimement en
elles (*magis intime in eis operans*) que les autres causes
motrices: car c'est Lui qui donne l'être (*esse*) aux
choses. En revanche, les autres causes spécifient pour
ainsi dire cet être (*sunt quasi determinantes illud esse*).
En effet, l'être tout entier d'aucune chose ne tire son
origine d'une autre créature (…). Or l'être est plus
intime à toute chose que les éléments par lesquels
l'être est spécifié; c'est pourquoi il demeure quand
ceux-ci sont enlevés, comme il est dit dans le *Livre des
causes*. Dès lors, l'opération du Créateur ressortit plus
aux profondeurs de la chose (*intima rei*) que
l'opération des causes secondaires. C'est pourquoi le
fait que le créé soit la cause d'une autre créature
n'exclut pas que Dieu opère immédiatement en toutes
choses, dans la mesure où sa vertu est comme le milieu
(*sicut medium*) qui joint la vertu de n'importe quelle
cause secondaire à son effet: car la vertu de toute
créature ne peut influer sur son effet que par la vertu
du Créateur, duquel viennent toute vertu, la
conservation de la vertu et l'ordre à l'effet. En effet,
comme il est dit dans le *Livre des causes*, la causalité
des causes secondaires est soutenue par la causalité de
la cause première[12].

---

[12] «Utrum aliquid aliud a Deo efficiat aliquam rem. (…) Respondeo
dicendum, quod circa hanc quaestionem sunt tres positiones. Quarum
una est, quod Deus immediate operetur omnia, ita quod nihil aliud est
causa alicujus rei; adeo quod dicunt quod ignis non calefacit, sed Deus;
nec manus movetur, sed Deus causat ejus motum, et sic de aliis. Sed haec
positio stulta est: quia ordinem tollit universi, et propriam operationem a
rebus, et destruit judicium sensus. Secunda positio est quorumdam philosophorum, qui ut proprias operationes rerum sustineant, Deum immediate omnia creare negant; sed dicunt, quod immediate est causa primi
creati, et illud est causa alterius, et sic deinceps. Sed haec opinio erronea
est: quia secundum fidem non ponimus Angelos creatores, sed solum
Deum creatorem omnium visibilium et invisibilium. Tertia positio est,
quod Deus immediate omnia operatur, et quod res singulae proprias ope-

Essayons de commenter ce long et très difficile passage, qui présente d'ailleurs un autre bel exemple de la préférence du Docteur angélique pour un enseignement équilibré qui corresponde à la *media via* entre différents extrêmes.

Saint Thomas commence le corps de l'article en écartant la position occasionnaliste, d'après laquelle aucune créature ne posséderait la moindre efficacité, et toute opération dans le monde d'ici-bas serait immédiatement due à Dieu lui-même. L'Aquinate a connu cette doctrine outrée à travers le philosophe arabe Averroès, qui a transmis l'occasionnalisme du théologien al-Ghazālī aux médiévaux latins, ne fût-ce que par ses propres efforts pour le réfuter. Ensuite, Thomas passe à l'opinion opposée, qui prétend que Dieu n'inter-

rationes habent, per quas causae proximae rerum sunt, non tamen omnium, sed quorumdam (…). Aliorum vero quae per motum et generationem producuntur, creatura causā esse potest, vel ita quod habeat causalitatem supra totam speciem, sicut sol est causa in generatione hominis vel leonis; vel ita quod habeat causalitatem ad unum individuum speciei tantum, sicut homo generat hominem, et ignis ignem. Horum tamen causa etiam Deus est, magis intime in eis operans quam aliae causae moventes: quia ipse est dans esse rebus. Causae autem aliae sunt quasi determinantes illud esse. Nullius enim rei totum esse ab aliqua creatura principium sumit, cum materia a Deo solum sit; esse autem est magis intimum cuilibet rei quam ea per quae esse determinatur; unde et remanet, illis remotis, ut in libro de Causis (prop. 1) dicitur. Unde operatio Creatoris magis pertingit ad intima rei quam operatio causarum secundarum: et ideo hoc quod creatum est causa alii creaturae, non excludit quin Deus immediate in rebus omnibus operetur, inquantum virtus sua est sicut medium conjungens virtutem cujuslibet causae secundae cum suo effectu: non enim virtus alicujus creaturae posset in suum effectum, nisi per virtutem Creatoris, a quo est omnis virtus, et virtutis conservatio, et ordo ad effectum; quia, ut in libro de Causis (ibid.) dicitur, causalitas causae secundae firmatur per causalitatem causae primae» (*In Sent.*, lib. II, dist. 1, qu. 1, art. 4, c). Un texte parallèle se trouve dans *S.T.* Iª, qu. 105, art. 5, c.

viendrait aucunement comme cause dans le monde phénoménal. Selon cette théorie, qui remonte à un autre Arabe, à
savoir Avicenne, le rôle de Dieu serait limité à un seul acte
créateur au début des temps, acte qui aurait lancé une
chaîne causale se déroulant désormais indépendamment du
Créateur. Parmi les Latins, le très influent Pierre Lombard
s'était associé à cette vision des choses[13], dont Thomas
d'Aquin se distancie comme il s'était distancié de l'occasionnalisme ghazalien.

D'après Thomas, dans toute opération l'ordre phénoménal et l'ordre transcendant sont tous les deux à l'œuvre, ils
s'y enchevêtrent et s'y interpénètrent: «Dieu fait (c'est-à-
dire crée) tout immédiatement *et* les choses singulières possèdent leurs opérations propres, par lesquelles elles sont les
causes prochaines des choses». En d'autres mots, par sa
création continuée, Dieu soutient incessamment toutes
choses dans leur être, au sens où Il fait en sorte que celles-ci
soient — et pourtant sur fond de cet être radicalement hétéronome s'élève une certaine autonomie d'action. L'opération autonome de chaque étant procède d'un centre
d'action — son être — qui, paradoxalement, ne lui appartient pas pleinement (cfr T33[bis]). On pourrait peut-être dire
que ce centre d'action est logé si intimement au cœur de
l'étant qu'il ne lui est pas accessible[14]. Or l'être (*esse*) n'est pas

---

[13] Cfr *S.T.* I[a], qu. 45, art. 5, c; *Ed. leon.* IV: 469: «Et sic posuit Avicenna
quod prima substantia separata, creata a Deo, creat aliam post se, et substantiam orbis, et animam eius; et quod substantia orbis creat materiam
inferiorum corporum. Et secundum hunc etiam modum Magister dicit,
in V dist. IV. *Sent.*, quod Deus potest creaturae communicare potentiam
creandi, ut creet per ministerium, non propria auctoritate. Sed hoc esse
non potest (…).»

[14] Cfr J. DE FINANCE S.J., *Être et agir dans la philosophie de saint Thomas*
(1965), p. 152: «Toute créature reste en quelque manière extérieure à soi,
puisqu'elle ne coïncide pas avec ce qu'elle a de plus central, mais Dieu, en

une partie de l'étant à laquelle s'ajouteraient encore d'autres
parties qui, elles, seraient indépendantes de l'être. Car évidemment, tout l'étant est de l'être, et n'est rien d'autre que
de l'être. Aussi en un sens l'étant tout entier est-il hétéronome, et en un sens l'ordre transcendant englobe l'entièreté
de l'étant. Dès lors, l'opération n'est pas autonome ou
quasi-autonome au sens où elle sortirait de l'être; tout au
contraire, la «vertu» de Dieu fonctionne comme le milieu
(*medium*) dans lequel l'opération se déroule et qui reste toujours présupposé par elle.

Il n'empêche que l'opération «spécifie» (*determinat*)
l'être. «Spécification» dit ici autant que «concrétisation»:
l'étant concrétise son être — son identité la plus profonde
qui ne lui appartient pas pleinement — en agissant, c'est-à-
dire en se mettant en rapport avec d'autres étants. Autrement dit, l'identité transcendante de l'étant, qui est — nous
l'avons vu — la condition de possibilité de l'opération, se
concrétise dans des rapports avec d'autres étants, des rapports qui pour ainsi dire «épellent» cette identité lettre par
lettre[15]. L'identité ainsi concrétisée reste toujours débitrice
de l'identité transcendante, mais elle en est distincte dans la
mesure où l'«épellation» doit toujours demeurer imparfaite,
ne pouvant jamais épuiser toute la richesse de l'identité

personne, occupe ce centre. Il est plus intérieur aux êtres que ces êtres
mêmes.»
[15] Cette interprétation de l'être comme l'«en-soi» des étants s'inspire de
l'ouvrage du P. L.-B. GEIGER O.P., *La participation dans la philosophie de
saint Thomas d'Aquin* (1942), surtout p. 335: «(...) l'être ne se juxtapose
point aux objets déterminés dont notre connaissance est faite. Il en dit
simplement l'*en soi*, la primauté à l'égard de notre connaître qui le rencontre et éclôt à son contact, bien loin de lui donner de sa propre substance. Mais l'*en soi* d'un objet n'est pas un nouvel objet, si ce n'est par
une fiction imaginative. L'*en soi* d'un objet est l'objet lui-même pour
autant que l'attention de l'esprit se fixe sur son indépendance par où il *est*,
plutôt que sur sa détermination qui exprime *ce* qu'il est.»

transcendante ou l'exprimer exhaustivement. L'ordre phénoménal est dès lors différent de l'ordre transcendant, parce qu'il «contracte» ce dernier, comme dit saint Thomas en décrivant cette relation difficile entre l'être et l'identité concrète de l'étant[16]. En tant que l'identité «contractée» de l'étant ne coïncide pas avec son être, l'étant se différencie de son propre être et, par là, se distancie de Dieu qui, par l'être, est en lui— il devient «autonome».

Si nous essayons de résumer notre discussion précédente dans un diagramme, l'ordre transcendant et l'ordre phénoménal ne peuvent plus être représentés comme deux cercles intersectés, mais plutôt comme deux boules, dont l'une, plus petite, se trouve à l'intérieur de l'autre. Malheureusement, le papier et nos possibilités techniques nous confinent à deux dimensions. (Voir schéma p. suivante.)

La présence et l'absence de Dieu dans l'opération

L'étant, pour être, doit se mettre en rapport avec un «autre» — ce qui veut dire qu'il doit sortir de soi dans une opération. Cette sortie de soi «barre» l'identité de l'étant qui, dès lors, devient pour ainsi dire inaccessible même à lui-même. Or l'être ne sort de soi que pour *se* retrouver dans et par la différence de l'«autre», alors l'identité perdue doit d'une certaine manière rester présente à l'étant — présente, dans son absence même! Cette réflexion nous a conduit à distinguer, avec saint Thomas, deux ordres, l'un phénoménal (prédicamental), l'autre transcendant (ontologique). L'ordre phénoménal est celui dans lequel l'étant, en se cherchant, s'est toujours déjà perdu dans l'autre. L'ordre transcendant est celui dans lequel l'étant est pleinement soi-

---

[16] Sur la «contractio», cfr *S.T.* I*a*, qu. 5, art. 3, ad 1; *ibid.*, qu. 65, art. 1, ad 2; *Qu. disp. de veritate*, qu. 21, art. 1, c; *In Meta.*, lib. V, lect. 9, §§889-892; etc.

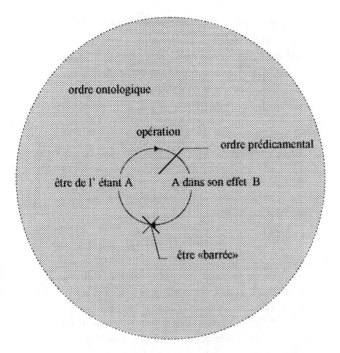

même. Ce dernier ordre se confond selon le Docteur angélique avec le Verbe, c'est-à-dire avec Dieu. Dans chaque
opération, tous les deux ordres doivent être présents — ce
qui revient à dire que Dieu est la fin et l'origine de toute
opération et doit y être présent en tant que tel: en tant
qu'origine et en tant que fin.

Le temps est venu de faire face à une objection. Ne
sommes-nous pas en train d'énoncer une absurdité (d'autres
diraient: une hérésie)? Ne réduisons-nous pas tout à Dieu
par notre interprétation «dialectique» de la pensée thomiste,
n'enlevons-nous pas toute consistance propre, toute autonomie à l'ordre phénoménal? Ne professons-nous pas par là une
sorte de panthéisme qui voit Dieu partout (et, dès lors, nulle
part, faisant de Lui un élément de l'ordre empirique)?

Répondons en citant Thomas d'Aquin lui-même:

(T37) L'être est l'élément le plus intime qui appartienne
à chaque chose et qui est au plus profond de toutes
choses. Car il est l'élément formel [ou effectif] par
rapport à tout ce qui est contenu dans une chose,
comme il appert de ce qui a été dit plus haut. Il faut
dès lors en conclure que Dieu est en toutes choses, et
intimement.

Il faut donc répondre à la première objection que
Dieu est au-dessus de tout de par l'excellence de sa
nature, et néanmoins il est en toutes choses, en tant
qu'il est l'instance qui cause leur être, comme il a été
dit plus haut.

(…)

Il faut donc répondre à la troisième objection que
l'action d'aucun agent, aussi puissant soit-il, ne s'étend
à aucune chose qui se trouve à une distance de l'agent,
sauf quand celui-ci exerce son action par des
intermédiaires. Or il appartient à l'éminente vertu de
Dieu d'agir immédiatement en toutes choses. D'où il
n'y a aucune chose qui se trouve à une distance de
Dieu, comme si elle n'avait pas Dieu en elle[17].

D'une part, «Dieu est en toutes choses, et intimement»,
parce que sans cette présence du Transcendant dans l'immanence — présence comme cause efficiente, mais aussi finale

---

[17] «Esse autem est illud quod est magis intimum cuilibet, et quod profundius omnibus inest: cum sit formale respectu omnium quae in re sunt,
ut ex supra dictis patet. Unde oportet quod Deus sit in omnibus rebus, et
intime. Ad primum ergo dicendum, quod Deus est supra omnia per
excellentiam suae naturae: et tamen est in omnibus rebus, ut causans
omnium esse, ut supra dictum est. (…) Ad tertium dicendum quod nullius agentis, quantumcumque virtuosi, actio procedit ad aliquid distans,
nisi inquantum in illud per media agit. Hoc autem ad maximam virtutem
Dei pertinet quod immediate in omnibus agit. Unde nihil est distans ab
eo, quasi in se illud Deum non habeat» (*S. T.* Iª, qu. 8, art. 1, c, ad 1, ad 3;
Ed. leon. IV: 82).

—, aucune opération ne serait possible: en effet, aucun étant ne sortirait de *soi* pour *se* chercher, partant aucun étant ne *serait*. D'autre part, «Dieu est au-dessus de tout de par l'excellence de sa nature», parce que sans cette absence du Transcendant dans l'immanence — absence de la perfection que chaque étant vise dans son opération —, aucune opération ne serait possible: en effet, aucun étant ne *sortirait* de soi pour se *chercher*, partant aucun étant ne *serait*. Nous voulons dire par là que si l'ordre prédicamental coïncidait sans plus avec l'ordre transcendant, l'absence de perfection, d'identité et de complétude qui fait en sorte que l'étant doive se chercher dans l'autre serait absente... et, avec elle, l'être disparaîtrait.

La «refente» qui sépare l'étant de sa plus propre identité et, dès lors, de Dieu est essentielle pour l'existence de l'ordre prédicamental. «C'est de sa partition que le sujet procède à sa parturition», disait un éminent penseur contemporain, en ajoutant, dans un calembour étymologique qui pourrait être puisé directement dans un *articulus* scolastique: *se parere*, s'engendrer, est indissociable de *separare*...[18]

Le sens de la transcendance divine

Déclarer, comme nous l'avons fait, que Dieu est en définitive l'en-soi des étants, qu'Il est *leur* propre être, *leur* inaccessible présence à eux-mêmes, n'est-ce pas par là détruire la transcendance divine? Cela dépend de ce que l'on veut dire par «transcendance». Si l'on s'imagine que Dieu existe quelque part «aux cieux», c'est-à-dire dans un «endroit» qui s'*oppose* au monde que nous connaissons — et si l'on croit que la transcendance divine consiste en une telle existence dans un univers distinct —, alors notre interprétation

---

[18] Cfr J. LACAN, *Écrits* (1966), p. 843.

de saint Thomas supprime, en effet, la transcendance divine. Il est pourtant évident que la notion de transcendance à laquelle nous venons de faire allusion n'est pas adéquate. D'après saint Thomas lui-même, dire que Dieu est «aux cieux» n'est qu'une façon métaphorique pour dire «Dieu est en nous». Dans son explication du Notre-Père nous lisons en effet ceci:

> (T38) Deuxièmement, le fait que le Notre-Père dise «Qui es aux cieux» peut faciliter l'écoute, puisque Dieu nous est proche; aussi faut-il entendre «Qui es aux cieux» comme «dans les saints, dans lesquels Dieu habite», selon le texte de Jérémie XIV, 9: «Tu es en nous, Dieu»[19].

En effet, comme l'explique encore une fois excellemment le P. J. de Finance[20], si Dieu était transcendant seulement au sens d'appartenir à un univers «autre» que le nôtre, Il finirait par être le même que nous: Il finirait par être fini. Car il est caractéristique des étants finis de s'opposer l'un à l'autre de telle façon qu'ils s'excluent mutuellement dans une extériorité irréductible. C'est d'ailleurs justement ce qu'exprime le transcendantal *aliquid*. Si Dieu était alors simplement «autre» que les étants finis, son altérité même Le ramènerait à l'identité d'un étant qui serait «autre» de la même façon que les autres. C'est pourquoi, pour bien comprendre le sens de la transcendance divine, l'on doit dire que Dieu est «autrement autre» que les étants finis — et ceci précisément en ne s'opposant pas à eux! Dieu est transcendant précisément parce que, comme l'en-soi des étants,

---

[19] «Secundo potest pertinere quod dicitur, 'Qui es in caelis', ad audientis facilitatem, quia propinquus est nobis; ut intelligatur, 'Qui es in caelis', idest in sanctis, in quibus Deus habitat, secundum illud Ier. XIV, 9: '*Tu in nobis es Domine*'» (*In orationem dominicam*, §1036).

[20] Cfr J. DE FINANCE S.J., *De l'un et de l'autre* (1994), pp. 297 sq.

il est plus immanent aux étants que ceux-ci ne le sont à eux-mêmes. La transcendance de Dieu est son immanence absolue. Dieu est Autre en étant le Même[21].

Causalité horizontale et causalité verticale

L'enchevêtrement des ordres prédicamental et transcendant dans l'opération, ou la «présence absente» de Dieu dans le monde, se laisse aussi décrire dans une terminologie un peu plus traditionnelle que celle dont nous avons usé dans la section sur «la présence et l'absence de Dieu dans l'opération». En effet, dans sa célèbre étude sur le sens de la causalité chez saint Thomas d'Aquin, le P. Cornelio Fabro distingue deux «causalités», l'une «horizontale» (ou «prédicamentale»), l'autre «verticale» (ou «transcendantale»)[22]. La causalité horizontale désigne essentiellement la causalité «aristotélicienne», c'est-à-dire «un mouvement dans lequel, dans chaque ordre formel, les membres de cet ordre s'épanouissent dans le monde en effectuant un mouvement réflexif ou circulaire *qui reste effectivement confiné à ce même ordre*»[23]. Saint Thomas souligne plus fortement que son prédécesseur grec que la causalité horizontale n'est pas toujours strictement univoque. D'autre part, par «causalité verticale» le P. Fabro décrit le rapport qui, existant entre Dieu

---

[21] Ou, comme le formule le P. Geiger, «transcendance absolue et immanence totale, loin de s'exclure, s'appellent. Elles seules peuvent rendre raison des caractères les plus certains de l'être saisi en sa structure réelle». Il n'en reste pas moins vrai, selon le même auteur, que «les deux données de l'immanence et de la transcendance demeurent réellement contraires pour notre connaissance» (*La participation dans la philosophie de S. Thomas d'Aquin* [1942], p. 350). C'est pourquoi nous n'échapperons jamais complètement à l'image de l'extériorité en parlant de Dieu.

[22] Cfr C. FABRO C.P.S., *Participation et causalité selon S. Thomas d'Aquin* (1961), pp. 319-343.

[23] Voir ci-dessus, chapitre premier, p. 61.

et l'ordre prédicamental, relie deux sphères radicalement distinctes.

Toujours dans la terminologie du P. Fabro, on peut maintenant dire que toute causalité horizontale comporte un élément vertical. En d'autres termes, en devenant la cause d'un «autre» étant fini et en s'extériorisant de la sorte dans un rapport causal, l'étant cherche implicitement Dieu, qui s'identifie à *sa* propre perfection. De plus, Dieu soutient la causalité des étants particuliers en les conservant dans l'être; c'est-à-dire que, outre l'*aspiration* verticale *vers* le Transcendant, la causalité horizontale implique également un *influx* vertical qui *provient de* Lui:

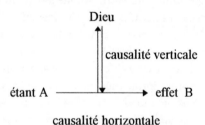

Au premier chapitre, nous avons parlé d'une «bipolarité irréductible» qui caractériserait la pensée thomiste[24]. Par là, nous voulions dire que le thomisme est un «système» dialectique dans lequel l'un et l'autre, l'identité et la différence, la quête de soi et la perte de soi, etc. se conditionnent et s'impliquent mutuellement, sans qu'il soit possible de les isoler l'un de l'autre. Or si cette caractérisation est correcte, on devrait s'attendre à ce que la causalité horizontale et la causalité verticale, elles aussi, se conditionnent *mutuellement*: autrement dit, si la causalité horizontale appelle la causalité verticale pour fonctionner; si l'opération, le devenir de l'étant requiert l'identité de l'être; bref, si le monde a

---

[24] Voir ci-dessus, chapitre premier, p. 65.

besoin de Dieu pour exister, Dieu n'aurait-il pas également besoin du monde pour être? Nous nous pencherons sur cette question dans le prochain chapitre.

CHAPITRE III

IPSUM ESSE SUBSISTENS.
DIEU A-T-IL À ÊTRE?

Dieu détient en soi la *veritas rei* des choses; ce n'est qu'en Lui que celles-ci sont véritablement et parfaitement elles-mêmes (T32 à T33^bis). C'est pour cette raison que nous avons osé décrire Dieu comme l'en-soi des étants (voir chapitre précédent, p. 90), c'est-à-dire comme leur identité la plus intime — si intime, en effet, qu'elle se soustrait à leur maîtrise. D'autre part, cette identité à la fois présente dans l'étant et se soustrayant à celui-ci, nous avons vu que c'est l'être (T36 et T37). En étant, c'est-à-dire en «opérant», l'étant cherche à rejoindre cet être, ou Dieu (T35) — ce qui est une façon de dire qu'il tente de surmonter la fissure qui le sépare de lui-même.

Cette analyse soulève un certain nombre de questions. D'abord, l'être peut-il vraiment être conçu comme constituant une quelconque «identité»? L'être n'est-il pas, au contraire, ce qui est le plus abstrait de toutes choses? (Mais comment alors saint Thomas pourrait-il voir dans une abstraction presque vide le cœur le plus profond de tout étant?) Deuxièmement, quel est le rapport entre la *veritas rei* sise en l'esprit divin et l'être? L'être n'est-il rien d'autre que la présence de la *veritas rei* dans l'étant, c'est-à-dire la présence du Dieu transcendant dans l'immanence? C'est ce que nos considérations du chapitre précédent semblaient suggérer. Pourquoi alors Thomas pose-t-il une distance entre l'être de l'étant et Dieu, en décrivant ce dernier, non point comme l'être de l'étant, mais plutôt comme la *cause* de l'être? Est-ce pour souligner que l'être n'appartient pas pleinement à l'étant, c'est-à-dire qu'il y est d'une certaine façon absent dans sa présence même? Essayons de voir toutes ces questions et d'y fournir des réponses précises.

L'être comme universel concret

D'abord, dans la conception thomiste, l'être (*esse*) n'est pas du tout une abstraction pauvre, ou ce qui resterait une fois qu'on a enlevé toute détermination concrète de l'étant. En effet, le fait que l'être soit pour saint Thomas d'Aquin un véritable «universel concret»[1], contenant en lui toutes les particularités des étants qu'il embrasse, est une des plus importantes caractéristiques de la pensée thomiste. L'Aquinate lui-même était d'ailleurs tout à fait conscient de la spécificité de sa philosophie en cette matière, comme le fait ressortir le passage suivant, où Thomas parle à la première personne de ce qu'«il appelle "être"»:

> (T39) À la neuvième objection, il faut répondre que ce que j'appelle «être» (*hoc quod dico «esse»*) est ce qui est le plus parfait entre toutes les choses: ce qui ressort du fait que l'acte constitue toujours la perfection de la puissance. Or toute forme déterminée n'est regardée comme étant en acte que si l'on pose l'être. Car l'humanité ou l'«ignéité» (*igneitas*)[2] peut être considérée comme existant, ou dans la puissance de la matière, ou dans la vertu de l'agent, ou même encore dans l'intellect: par contre, ce qui a l'*être* est rendu effectivement existant (*actu existens*). D'où il appert que ce que j'appelle «être» est l'actualité de tous les

---

[1] G. GÉRARD, *Contribution au problème du lien onto-théologique* (1994), p. 198 n. 21.

[2] C'est-à-dire la forme du feu.

actes et, de ce fait, est la perfection de toutes les perfections. Et il ne faut pas considérer qu'à ce que j'appelle «être» l'on pourrait encore ajouter quelque chose qui serait plus «formel» (*formalius*) que lui, le spécifiant comme l'acte spécifie la puissance (…). En fait, à l'être rien ne saurait être ajouté qui lui serait extérieur, puisque seul le non-être (*non-ens*) lui est extérieur — non-être que ne peuvent être ni une forme ni une matière. Dès lors, l'être n'est pas spécifié par un autre à l'instar de la manière dont la puissance est spécifiée par l'acte, mais plutôt comme l'acte est spécifié par la puissance. Car, dans la définition des formes, l'on pose aussi des matières propres au lieu des différences, comme quand on dit, par exemple, que l'âme est l'acte d'un corps physique et organique. C'est de cette manière que tel être est distingué de tel autre, c'est-à-dire dans la mesure où il est de telle ou telle nature[3].

L'être peut être envisagé comme constituant l'identité la plus profonde de chaque étant, puisqu'il n'y a rien qui lui

---

[3] «Ad nonum dicendum, quod hoc quod dico *esse* est inter omnia perfectissimum: quod ex hoc patet quia actus est semper perfectio potentia [*nous lisons*: potentiae]. Quaelibet autem forma signata non intelligitur in actu nisi per hoc quod esse ponitur. Nam humanitas vel igneitas potest considerari ut in potentia materia existens, vel ut in virtute agentis, aut etiam ut in intellectu: sed hoc quod habet *esse*, efficitur actu existens. Unde patet quod hoc quod dico *esse* est actualitas omnium actuum, et propter hoc est perfectio omnium perfectionum. Nec intelligendum est, quod ei quod dico *esse*, aliquid addatur quod sit eo formalius, ipsum determinans, sicut actus potentiam (…). Nihil autem potest addi ad *esse* quod sit extraneum ab ipso, cum ab eo nihil sit extraneum nisi *non-ens*, quod non potest esse nec forma nec materia. Unde non sic determinatur *esse* per aliud sicut potentia per actum, sed magis sicut actus per potentiam. Nam et in definitione formarum ponuntur propriae materiae loco differentiae, sicut cum dicitur quod anima est actus corporis physici organici. Et per hunc modum, hoc *esse* ab illo *esse* distinguitur, in quantum est talis vel talis naturae» (*Qu. disp. de potentia*, qu. 7, art. 2, ad 9).

soit extérieur: tout ce qu'il y a d'étant est de l'être, de sorte qu'il ne peut y avoir rien dans l'étant qui lui échappe. Il n'en reste pas moins que l'être et l'étant ne coïncident pas absolument: toi et moi, deux étants, nous sommes évidemment aussi tous les deux de l'être; et pourtant il serait absurde de prétendre que mon être serait le même que le tien. Si, d'autre part, toute extériorité entre l'être et l'étant est exclue, comment comprendre la «différence ontologique», c'est-à-dire la différence entre l'être (*esse*) et l'étant (*ens*), ou le fait qu'il y ait de la *différence* à l'intérieur de l'être?

Puisqu'il n'y rien qui puisse s'ajouter à l'être de l'extérieur, ce dernier doit, pour devenir «autre», produire une altérité qui ne tienne son origine de rien d'autre que de lui-même. La différence ontologique doit être une différence *à l'intérieur de l'être*, une *auto*-différenciation ou «*auto*-détermination»[4] de l'être. Malheureusement, l'explication de ce processus que saint Thomas nous fournit dans le présent extrait n'est pas très éclairante. Le Docteur angélique fait simplement allusion à certaines définitions dans lesquelles le terme à spécifier n'est pas défini par un genre et une différence spécifique qui s'ajouterait à celui-ci de l'extérieur — comme c'est par exemple le cas dans la définition de

---

[4] C'est le vocable qu'utilise G. GÉRARD dans son article *Contribution au problème du lien onto-théologique* (1994), pp. 196 sq. Cfr également S. BRETON, *La déduction thomiste des catégories* (1962), p. 8, et L.-B. GEIGER O.P., *La participation dans la philosophie de S. Thomas d'Aquin* (1942), qui parle d'une «fécondité interne» (p. 219). Attirons l'attention du lecteur sur le fait que quelques thomistes rejettent complètement l'idée d'une autolimitation de l'être; car avec cette notion, écrit par exemple le P. Fabro dans son ouvrage *Participation et causalité selon S. Thomas d'Aquin* (1961), «la voie est ouverte au principe fondamental de l'antithomisme, qui affirme que "l'acte est limité par lui-même"» (p. 64). Pour une critique de la critique de Fabro, cfr P.W. ROSEMANN, *«Omne agens agit sibi simile»* (1995), pp. 285-288.

l'homme comme «animal raisonnable», car la rationalité n'est pas une propriété de l'animalité comme telle. Mais si l'on définit, par exemple, l'âme comme l'acte d'un corps physique et organique, on spécifie l'acte par quelque chose qui est entièrement enveloppé par lui: car il n'y a aucune partie du corps qui ne serait pas pénétrée par l'acte de l'âme. De la même manière, tout étant est de l'être «plus» quelque chose d'«autre», qui pourtant reste toujours enveloppé par l'être.

L'autolimitation («contractio») de l'être par les catégories

Il y a, dans d'autres textes, un terme technique que saint Thomas utilise pour décrire l'autolimitation de l'être. Car l'Aquinate parle souvent du fait que l'être se «contracte» dans l'étant[5]: ce qui veut dire que l'identité infiniment riche et infiniment parfaite de l'être ne se réalise jamais que partiellement, dans des étants particuliers qui présentent chacun pour ainsi dire une face de l'être, sans pour autant pouvoir actualiser toute sa plénitude. L'être détient l'identité de chaque étant, c'est vrai, mais cette identité se déploie dans un processus d'extériorisation dans lequel les étants se différencient les uns des autres — un processus dans lequel, dès lors, l'être se différencie lui-même. Les stades logiques de ce processus correspondent aux dix catégories aristotéliciennes, comme saint Thomas l'explique dans le texte suivant:

> (T40) Il faut savoir, en effet, que l'être (*ens*) ne saurait se rétrécir (*contrahi*) pour se constituer en quelque chose de spécifique de la même façon que le genre est rétréci par la différence pour former des espèces. Car, parce qu'elle n'a pas part au genre, la différence est en dehors de l'essence de celui-ci. Or rien ne pourrait être

---

[5] Nous avons déjà mentionné quelques textes au chapitre précédent, p. 86 n. 16.

en dehors de l'essence de l'être (*extra essentiam entis*), et constituer quelque espèce de l'être en y ajoutant quelque chose: en effet, ce qui est en dehors de l'être n'est rien, et ne saurait être une différence. (...) Dès lors, il faut que l'être (*ens*) se rétrécisse pour former différents genres conformément aux différents modes de prédication (*secundum diversum modum praedicandi*), qui, eux, s'ensuivent des différents modes d'être (*diversum modum essendi*). (...) C'est pourquoi ce en quoi l'être se divise en premier lieu est qualifié de «catégories» (*praedicamenta*), puisque cela se distingue selon les différents modes de prédication. (...) Or il faut savoir que le prédicat peut se rapporter au sujet de trois manières.

D'une première manière, il peut se rapporter au sujet lorsqu'il est ce qu'est le sujet, comme, par exemple, quand je dis: «Socrate est un animal». Car Socrate est ce qu'est un animal. Et cette catégorie est dite signifier la substance première (*substantiam primam*), qui est la substance particulière, de laquelle tout est prédiqué.

D'une seconde manière, le prédicat peut se rapporter au sujet en tant qu'on le prend selon qu'il est dans le sujet. Cette sorte de prédicat peut être dans le sujet par soi et absolument, et ceci soit comme une conséquence de la matière, et alors c'est la quantité (*quantitas*), soit comme une conséquence de la forme, et alors c'est la qualité (*qualitas*); ou bien il peut être en lui non pas absolument, mais par rapport à quelque chose d'autre, et alors c'est la relation (*ad aliquid*).

D'une troisième manière, le prédicat peut se rapporter au sujet en tant qu'on le dérive de quelque chose en dehors du sujet — ce qui permet deux possibilités. Une première possibilité concerne le cas où le prédicat est tout à fait en dehors du sujet. S'il n'est pas la mesure du sujet, on le prédique à la manière d'un état (*habitus*), comme, par exemple, quand on dit: «Socrate est chaussé» ou «habillé». Si, par contre, le prédicat est la mesure du sujet, et étant donné que la mesure extrinsèque est ou bien le temps ou bien le lieu, on dérive la catégorie ou bien du temps (et alors elle sera le «quand» [*quando*]), ou bien on la dérive du lieu (et alors elle sera soit le «où» [*ubi*], si l'on ne considère pas la disposition des parties dans le lieu, soit elle sera la position [*situs*], si l'on considère celle-ci). Une seconde possibilité se présente en tant que ce dont on dérive la catégorie est d'une certaine manière dans le sujet dont on la prédique. Et si cela est dans le sujet comme dans son principe, alors on la prédique comme action (*agere*). (Car le principe de l'action est dans le sujet.) Si, par contre, cela est dans le sujet comme dans son but, alors on la prédiquera comme passion (*pati*). Car la passion a sa fin dans le sujet qui pâtit[6].

[6] «Sciendum est enim quod ens non potest hoc modo contrahi ad aliquid determinatum, sicut genus contrahitur ad species per differentias. Nam differentia, cum non participet genus, est extra essentiam generis. Nihil autem posset esse extra essentiam entis, quod per additionem ad ens aliquam speciem entis constituat: nam quod est extra ens, nihil est, et differentia esse non potest. (…) Unde oportet, quod ens contrahatur ad diversa genera secundum diversum modum praedicandi, qui consequitur diversum modum essendi (…). Et propter hoc ea in quae dividitur ens primo, dicuntur esse praedicamenta, quia distinguuntur secundum diversum modum praedicandi. (…) Sciendum enim est quod praedicatum ad subiectum *tripliciter* se potest habere. *Uno modo* cum est id quod est subiectum, ut cum dico, Socrates est animal. Nam Socrates est id quod est animal. Et hoc praedicatum dicitur significare substantiam primam, quae est substantia particularis, de qua omnia praedicantur. *Secundo modo* ut praedicatum sumatur secundum quod inest subiecto: quod quidem praedicatum, vel inest ei per se et absolute, ut consequens materiam, et sic est quantitas: vel ut consequens formam, et sic est qualitas: vel inest ei non absolute, sed in respectu ad aliud, et sic est ad aliquid. *Tertio modo* ut praedicatum sumatur ab eo quod est extra subiectum: et hoc *dupliciter*. *Uno modo* ut sit omnino extra subiectum: quod quidem si non sit mensura subiecti, praedicatur per modum habitus, ut cum dicitur, Socrates est

Dans cette brillante «déduction thomiste des catégories» (S. Breton)[7], saint Thomas montre comment l'être se fait étant dans un mouvement qui spécifie et limite progressivement son identité — qui «épelle» l'identité transcendante de l'être, comme nous avons précédemment décrit ce processus. De cette manière, l'être constitue d'abord l'étant en lui-même et puis l'étant en tant qu'il se trouve en contact avec d'autres étants. Mais qu'on ne se méprenne pas! Cet ordre déductif ne signifie pas, comme l'a justement souligné le P. Breton, que l'étant puisse exister en soi et isolément, et que ses rapports avec d'autres étants ne soient qu'accidentels. Dans la déduction des catégories, il est vrai que l'épanouissement de l'étant (qui correspond d'ailleurs, ne l'oublions pas, à une auto-*limitation* de l'être) est conçu comme procédant de l'intérieur à l'extérieur, de l'horizon interne à l'horizon externe de l'étant (comme dirait Husserl)[8]; toujours est-il que «la substance appelle le rapport. S'il n'est point de rapport sans substance, il n'est point davantage de substance sans rapport», car «le monde est la concrétisation de l'être»[9]. Dans l'ordre réel, la substance ne «précède» pas le rapport: dès que l'être devient étant, c'est-à-dire dès qu'il devient substance ou essence, il s'extériorise dans des rapports avec d'autres étants: l'être s'inscrit dans le monde par

---

calceatus vel vestitus. Si autem sit mensura eius, cum mensura extrinseca sit vel tempus vel locus, sumitur praedicamentum vel ex parte temporis, et sic erit quando: vel ex loco, et sic erit ubi, non considerato ordine partium in loco, quo considerato erit situs. *Alio modo* ut id a quo sumitur praedicamentum, secundum aliquid sit in subiecto, de quo praedicatur. Et si quidem secundum principium, sic praedicatur ut agere. Nam actionis principium in subiecto est. Si vero secundum terminum, sic praedicabitur ut in pati. Nam passio in subiectum patiens terminatur» (*In Met.*, lib. V, lect. 9, §§889-892).

7 Cfr S. BRETON, *La déduction thomiste des catégories* (1962).

8 Cfr S. BRETON, *Essence et existence* (1962), p. 7.

9 S. BRETON, *La déduction thomiste des catégories* (1962), p. 16.

des actions et des passions qui le situent dans un lieu et dans le temps, etc.

Plus précisément, l'épanouissement de l'être se déroule en dix étapes. Répétons qu'il s'agit d'étapes que l'on peut distinguer dans l'ordre déductif ou logique, bien qu'elles soient strictement solidaires dans la réalité.

D'abord, l'être circonscrit son identité dans une *substance*, qui le définit comme un étant avec telle ou telle nature: homme, chien, table, etc. Mais une substance n'est elle-même que dans la mesure où elle s'étend dans l'espace, c'est-à-dire où elle s'incarne dans une matière qui lui confère une certaine *quantité*[10]. Ce mouvement de dispersion dans les trois dimensions qui constitue la quantité ne peut être illimité; il reste, au contraire, toujours rattaché à un mouvement opposé, c'est-à-dire un mouvement de retour à la substance. Aussi la substance, qui sort de soi dans la quantité, retourne-t-elle sur soi dans la *qualité*, qui spécifie, entre autres, la forme que prend son déploiement spatial. Le rayonnement de la substance à travers la quantité et dans la qualité met celle-ci en rapport avec son environnement, rapport qu'exprime la quatrième catégorie, celle de *relation*. Nous ne répéterons pas ici ce que nous avons dit ci-dessus sur la dialectique qui relie la substance à la relation, et la relation à la substance. Quant aux catégories qui restent, elles aussi expriment des rapports, mais des rapports plus passagers que ceux que Thomas dénomme «relations» au sens strict du terme. Si «être père», par exemple, désigne un rapport qui, une fois établi, restera à jamais inscrit dans la substance, un *état* comme «être chaussé» ou «habillé» ne touchera celle-ci qu'extérieurement. Il en va de même pour la position de la substance par rapport au *temps* et au *lieu*,

---

[10] Notons qu'il y a aussi, dans l'univers thomiste, des substances sans quantité, notamment les anges.

ainsi que pour les opérations qui la mettent en contact avec d'autres substances, et qui la concernent ou bien en tant qu'*actions* (si c'est la substance elle-même d'où procède l'opération) ou bien en tant que *passions* (si l'opération vise la substance comme son objet).

Le texte n° 40 que nous venons de voir précise davantage les rapports entre les deux ordres, prédicamental et ontologique, dont l'enchevêtrement nous a préoccupé dès le dernier chapitre. Bien des questions restent encore ouvertes, surtout celle de savoir *pourquoi* l'être, en devenant étant, se «contracte». D'autre part, nous connaissons maintenant le processus par lequel l'être (ou l'ordre transcendant) «descend» dans l'ordre prédicamental des étants. Nous savons également maintenant comment s'articule le rapport entre l'identité de l'être et les identités particulières des étants. L'être est, comme nous l'avions soupçonné, l'identité au cœur de chaque étant, mais cette identité se rétrécit et n'apparaît jamais pleinement dans l'ordre prédicamental.

Dieu comme «être par soi subsistant» («ipsum esse subsistens») et ses rapports à l'être de l'étant

Le texte n° 40 nous aide aussi à comprendre quels sont les rapports entre la *veritas rei* sise en l'esprit divin et l'être, et ainsi à répondre à la deuxième question qui fut soulevée au début de ce chapitre. Le texte se présente, en effet, comme une analyse du mouvement dans et par lequel l'être entre dans l'ordre prédicamental, que nous avons précédemment appelé *veritas praedicationis*. Or, si l'être différencié catégorialement correspond à la *veritas praedicationis*, il n'est pas interdit de conclure que l'être «en soi» constitue la *veritas rei*. Cette interprétation concorde parfaitement avec le fait que saint Thomas identifie Dieu, qui est le «lieu» de la *veritas rei*, avec l'«être qui subsiste par soi»:

(T41) Comme il est dit dans le *Livre des causes* (prop. 4), l'être même de Dieu se distingue et se différencie (*distinguitur et individuatur*) de tout autre être en ce qu'il est l'être qui subsiste par soi (*esse per se subsistens*) et ne s'ajoute pas à quelque nature qui serait autre que l'être lui-même. Or, tout autre être qui ne subsiste pas doit se différencier par la nature et la substance qui subsistent dans cette sorte d'être. Dans ces cas, il est vrai que l'être de cette chose-ci est différent de l'être de cette chose-là parce qu'il est d'une autre nature. C'est comme s'il y avait une chaleur qui existait par elle-même, sans matière ni substrat (*subiectum*): alors elle se distinguerait, par ce fait même, de toute autre chaleur — bien que les chaleurs qui existent dans un substrat ne se distinguent l'une de l'autre que par les substrats[11].

L'être se différencie, comme nous l'avons vu dans la section précédente, dans et par les catégories. Mon être est différent de ton être puisque mon être s'est fait étant dans une substance avec d'autres qualités, quantités, rapports, etc. que ton être. Or, d'après saint Thomas d'Aquin, Dieu est l'être tout court, c'est-à-dire l'être qui n'a pas encore subi ce processus d'autolimitation catégoriale: «l'être lui-même qui subsiste par soi» (*ipsum esse per se subsistens*)[12]. Dieu n'a pas

---

[11] «(…) sicut dicitur in libro *de Causis* [prop. 4], ipsum esse Dei distinguitur et individuatur a quolibet alio esse, per hoc ipsum quod est esse per se subsistens, et non adveniens alicui naturae quae sit aliud ab ipso esse. Omne autem aliud esse quod non est subsistens, oportet quod individuetur per naturam et substantiam quae in tali esse subsistit. Et in eis verum est quod esse huius est aliud ab esse illius, per hoc quod est alterius naturae; sicut si esset unum calor per se existens sine materia vel subiecto, ex hoc ipso ab omni alio calore distingueretur: licet calores in subiecto existentes non distinguantur nisi per subiecta» (*Qu. disp. de potentia*, qu. 7, art. 2, ad 5).

[12] *S. T.* I[a], qu. 44, art. 1, c; *Ed. leon.* IV: 455.

d'autre «substance» que son être même[13]. C'est pourquoi on pourrait être amené à croire que Dieu n'a pas d'identité propre qui soit en mesure de Le distinguer des étants. C'est cette impression que saint Thomas veut contredire dans le texte que nous sommes en train de commenter. L'être divin, qui est l'être par soi, se différencie de l'être des étants précisément par le fait qu'il n'est pas différencié comme l'est l'être des étants. L'identité de l'*esse* divin consiste justement en ceci, qu'il n'a pas une identité qui serait limitée par une substance ou une nature «contractant» l'être. Dieu est «autrement autre» que les étants[14]. Son être reste distinct de l'être des étants, parce qu'il n'y a aucune extériorité entre celui-ci et celui-là:

> (T42) Dieu n'est pas quelque partie de l'univers; au contraire, Il est au-dessus de tout l'univers, en ce qu'Il précontient (*praehabens*) en Lui toute sa perfection, et ceci d'une façon plus éminente que celle qui se trouve dans l'univers lui-même[15].

Comme le disait le texte n° 39 de l'être, à Dieu l'on ne saurait rien «ajouter qui Lui serait extérieur, puisque seul le non-être (*non-ens*) Lui est extérieur (…); l'être n'est pas spécifié par un autre», parce que l'être (c'est-à-dire Dieu) «précontient» ou possède déjà toutes les perfections que les «autres» pourraient lui conférer[16].

---

[13] Cfr, par exemple, *Qu. disp. de potentia*, qu. 7, art. 2, ad 4: «(…) esse divinum, quod est eius substantia (…)».

[14] Cfr chapitre II, pp. 89-91: «Le sens de la transcendance divine».

[15] «(…) Deus non est aliqua pars universi, sed est supra totum universum, praehabens in se eminentiori modo totam universi perfectionem» (*S.T.* Iᵃ, qu. 61, art. 3, ad 2; *Ed. leon.* V: 108). Toute une série d'autres textes qui vont dans le même sens se trouvent cités dans les notes de L.-B. GEIGER O.P., *La participation dans la philosophie de S. Thomas d'Aquin* (1942), pp. 223 sq.

[16] Cfr également *S.T.* Iᵃ, qu. 4, art. 2, c; *Ed. leon.* IV: 52: «Deus est ipsum

Lorsque saint Thomas décrit Dieu comme la «cause» de l'être des étants — comme il le fait dans les textes n° 36 («Dieu donne l'être aux choses») et n° 37 («Dieu cause leur être») —, il pose une distance entre l'être divin et l'être des étants, laquelle revêt une nature assez paradoxale. D'une part, l'être comme tel ne coïncide pas avec l'être de l'étant, qui résulte de ce premier comme le résultat d'un processus de «contraction» ou de «rétrécissement». En ce sens, l'être divin est la «cause» de l'être catégorial, bien qu'il ne faille pas comprendre cette causalité comme une opération qui assujettisse l'être au champ d'un autre que lui-même[17]. Car l'être se différencie de l'intérieur. C'est pourquoi, d'autre part, même si la causalité suggère l'existence d'une relation d'extériorité entre l'être divin et l'être des étants, l'être divin n'est en dernière analyse rien d'autre que la *veritas rei* ou la perfection de l'univers des étants (T42). Si extériorité il y a entre l'être divin et l'être prédicamental, celle-ci ne se situe pas du côté de Dieu, mais seulement du côté des étants, qui s'éloignent de Dieu dans leurs opérations. C'est là le sens de la doctrine thomiste selon laquelle les créatures se rapportent «réellement» à Dieu, alors qu'en Dieu, il n'y a pas de rapport réel aux créatures:

> (T43) Étant donné que Dieu est en dehors de tout l'ordre des créatures et que toutes les créatures sont ordonnées à Lui (et non inversement), il est évident que les créatures se rapportent à Dieu Lui-même réellement (*realiter*). En Dieu, par contre, il n'existe aucun rapport réel de Lui aux créatures, mais seulement un rapport théorique (*secundum rationem*), en tant que les créatures se rapportent à Lui[18].

---

esse per se subsistens: ex quo oportet quod totam perfectionem essendi in se contineat.»

[17] Cfr le texte n° 8 et notre commentaire, surtout à la p. 72 du chapitre II.

[18] «Cum igitur Deus sit extra totum ordinem creaturae, et omnes creatu-

Il est clair qu'il ne peut y avoir de rapport réel aux créatures en Dieu, si, d'une part, Dieu est l'être, auquel rien ne saurait être extérieur, et que, d'autre part, tout rapport se définit justement par référence à «quelque chose d'extérieur» (*aliquid extra*)[19]. En revanche, l'on comprend aussi que l'étant créé se rapporte «réellement» à l'être divin, car l'étant doit opérer pour être; or l'opération est inconcevable sans la quête de cet «en-soi» de l'étant qu'est sa vérité en Dieu. En tant que l'«en-soi» n'est pas saisissable dans l'ordre prédicamental, on doit dire de Dieu qu'«Il est en dehors de tout l'ordre des créatures».

Le sens de la création

Le problème du rapport unilatéral qui relie les étants à l'être divin nous mène à la question de la création. Car, selon saint Thomas d'Aquin, la création n'est rien d'autre que le rapport réel de l'étant à son propre en-soi, qui est (en) Dieu. Que l'étant est créé signifie dès lors que sa condition d'étant est indissociable d'un effort pour surmonter la «refente» qui le sépare de son propre être et, dès lors, de Dieu. Or nous avons vu que cet effort se concrétise dans une opération qui, en tant que sortie de soi, comporte un élément inéluctable d'aliénation ou de perte de soi. La création, c'est alors le mouvement dans et par lequel l'étant à la fois cherche à s'approcher de soi-même (et, partant, de Dieu) et s'éloigne de soi-même; la création, c'est le mouve-

---

rae ordinentur ad ipsum, et non e converso, manifestum est quod creaturae realiter referuntur ad ipsum Deum; sed in Deo non est aliqua realis relatio eius ad creaturas, sed secundum rationem tantum, inquantum creaturae referuntur ad ipsum» (*S. T.* I^a, qu. 13, art. 7, c; *Ed. leon.* IV: 153). Cfr aussi *Qu. disp. de veritate*, qu. 4, art. 5, c (et bien d'autres textes).

[19] «Sed ratio propria relationis non accipitur secundum comparationem ad illud in quo est, sed secundum comparationem ad aliquid extra» (*S. T.* I^a, qu. 28, art. 2, c; *Ed. leon.* IV: 321).

ment qui différencie l'être de l'étant de l'être divin sans les couper l'un de l'autre; la création, c'est, enfin, le dynamisme dialectique au cœur de l'être qui fait en sorte que ce qui nous est le plus proche — *notre* être en Dieu — devient aussi ce qui est le plus lointain de nous, à jamais perdu[20]. Mais écoutons saint Thomas lui-même:

> (T44) En effet, la création n'est pas un changement (*mutatio*) [ce qui présupposerait l'existence de quelque chose qui pourrait être changé], mais la dépendance même de l'être créé par rapport au principe par lequel il est posé, et ainsi la création relève-t-elle du genre du rapport (…). Malgré tout, il semble que la création soit une sorte de changement, [mais c'est] uniquement selon une façon de concevoir [que les choses se présentent ainsi], à savoir pour autant que notre intellect regarde une seule et même chose comme non existante d'abord, et comme existante ensuite[21].

> (T45) En fait, comme nous l'avons expliqué, la création ne peut être considérée comme un «être mû» (*moveri*) qui existerait avant le résultat d'un mouvement, mais elle doit être considérée comme quelque chose relevant de l'être déjà produit (*ut in facto esse*). C'est pourquoi la création ne comporte aucune accession à l'être, ni une transformation par le Créateur, mais seulement le commencement de l'être et le rapport au Créateur dont elle a l'être. Ainsi la

---

[20] Sur la dialectique du proche et du lointain, on pourra lire l'excellent ouvrage de Cl. LÉVESQUE, *Le proche et le lointain* (1994), ainsi que les réflexions de M. HEIDEGGER, *Lettre sur l'humanisme* (1966).

[21] «Non enim est creatio mutatio, sed ipsa dependentia esse creati ad principium a quo statuitur, et sic est de genere relationis (…).Videtur tamen creatio esse mutatio quaedam secundum modum intelligendi tantum: inquantum scilicet intellectus noster accipit unam et eandem rem ut non existentem prius, et postea existentem» (*Summa contra gentiles*, lib. II, cap. 18, §*Non enim*; Ed. leon. XIII: 305).

création n'est-elle rien d'autre, en réalité, qu'une sorte de rapport à Dieu s'accompagnant de la nouveauté de l'être (*relatio quaedam ad Deum cum novitate essendi*)[22].

L'Aquinate qualifie de pure «façon de concevoir» (*modus intelligendi*) l'idée d'après laquelle la création consisterait en quelque changement d'état, ou en une sorte de transition du non-être à l'être. Un changement présuppose toujours quelque chose de déjà existant sur lequel il peut porter; mais cette possibilité est évidemment exclue dans le cas de la création, qui désigne l'apparition de l'être lui-même, la «nouveauté» de l'être. Il s'en suit que, conçue comme changement, la création n'est que ce qu'on appellerait aujourd'hui un «mythe». Car il ne nous est jamais possible de faire le pas au-delà de l'être: en effet, nous sommes toujours déjà dans l'être, si bien que cette «immersion» dans la vérité ontologique est indissociable de notre humanité (T4). Si l'on veut dès lors parler de création, il faut l'entendre comme une *structure* caractérisant toujours déjà l'être de l'étant; en d'autres mots, il faut la prendre, comme dit Thomas d'Aquin, *ut in facto esse*. L'étant est *structurellement* dépendant de Dieu, pour les raisons que nous connaissons. Cette façon de parler ne signifie d'ailleurs pas que la création n'est qu'un pur état; tout au contraire, elle se réalise dans le *mouvement* de la créature «hors de soi vers soi» qui nous est familier depuis le premier chapitre.

La création est le rapport de l'être de l'étant ou de l'être créé à l'être divin. Ce rapport se réalise dans l'opération de

---

[22] «Creatio autem, ut dictum est, non potest acccipi ut moveri, quod est ante terminum motus, sed accipitur ut in facto esse; unde in ipsa creatione non importatur aliquis accessus ad esse, nec transmutatio a creante, sed solummodo inceptio essendi, et relatio ad creatorem a quo esse habet; et sic creatio nihil est aliud realiter quam relatio quaedam ad Deum cum novitate essendi» (*Qu. disp. de potentia*, qu. 3, art. 3, c). Cfr aussi *S. T.* Iª, qu. 45, art. 3, ad 3.

l'étant, c'est-à-dire dans la quête de soi dans laquelle l'étant se perd sans cesse. D'autre part, l'être divin se fait étant dans la *contractio* qui spécifie et limite progessivement son identité en le faisant entrer dans l'ordre prédicamental, qui correspond au domaine de l'être de l'étant. Il nous faut maintenant nous efforcer d'articuler plus précisément les rapports entre ces trois termes: création, opération et «contraction».

En effet, création, opération et «contraction» visent un seul dynamisme, qu'elles envisagent seulement selon des angles différents. Autrement dit, l'autolimitation de l'être divin se réalise dans l'opération de l'étant, et ces deux processus ensemble, ou ces deux faces d'un seul processus, correspondent à la création[23]. L'être divin se fait étant, c'est-à-dire que Dieu est présent dans le monde, dans et par les opérations de ses créatures, opérations qui constituent les créatures *comme* créatures, c'est-à-dire qui, en un sens, les créent. Il faut donc répondre par l'affirmative à la question qui fut posée à la fin du précédent chapitre: oui, la causalité verticale appelle la causalité horizontale pour fonctionner, car l'activité créatrice de Dieu ne se déploie que dans et à travers les opérations des étants.

Dieu a-t-il à être?

Nous avons découvert l'être divin comme l'instance qui est présupposée dans toute opération des étants, à la fois comme son principe et comme sa fin. Dieu n'est (sur le mode de l'absence) présent dans le monde qu'à travers les étants, qu'Il crée en tant qu'Il soutient leurs opérations. Or cette «présence dans le monde» se confond, pour nous,

---

[23] Cfr J. DE FINANCE S.J., *Être et agir dans la philosophie de saint Thomas* (1965), p. 158: «Alors, la création se présente comme une détermination de l'être divin lui-même, une auto-limitation de l'Absolu.»

avec l'être tout court: car que serait un «être» qui ne nous serait point accessible? Tout se passe donc comme si, suivant une formule de G. Gérard, l'être n'*était* en effet que dans la différence[24] ou, autrement dit, comme si l'être divin requérait les étants pour *être*. Il semble que nous rejoignons ici ce que nous avons appelé le premier principe de l'ontologie et d'après lequel «tout étant n'est quelque chose qu'en n'étant pas quelque chose d'autre» (cfr T16): ce principe semble posséder un champ d'application vraiment universel, englobant même les rapports entre l'«être par soi subsistant» et l'être des étants, de telle façon que non seulement les étants requièrent Dieu pour être, mais que l'existence de Dieu Lui-même est indissolublement liée à l'existence des étants. Nous retrouvons ici de nouveau la structure circulaire qui est si caractéristique de la dialectique thomiste:

Dieu a-t-il besoin de la créature pour être Lui-même, pour être Dieu? Dieu n'est-il Dieu que par opposition à ce qui n'est pas Lui, c'est-à-dire par opposition à l'étant créé?

Cette conclusion est, en effet, inévitable, à moins que Dieu ne soit «encore *autre que l'être même*»[25]. Dans cette

[24] G. GÉRARD, *Contribution au problème du lien onto-théologique* (1994), p. 198 n. 21.
[25] *Ibid.*, p. 207.

dernière perspective, Dieu aurait effectivement besoin de la créature pour *être*, mais Il n'aurait pas à être…. L'autodifférenciation de l'être divin dans et par l'opération des étants équivaudrait alors à l'autocréation d'un Dieu qui, en Lui-même, ne «serait» pas, mais qui effectuerait, par la création, une «*libre* position de soi dans l'être»[26]. Cette idée pourrait sembler étrange, voire aberrante; cependant, elle peut se réclamer d'une longue tradition qui remonte jusqu'à la philosophie platonicienne et qui fut reprise par les plus brillants penseurs de la patristique et du moyen âge chrétien. Elle porte le nom de théologie «négative»[27], et elle consiste essentiellement dans une tentative pour penser Dieu le plus radicalement possible dans son *altérité*, c'est-à-dire dans une tentative pour ne pas réduire Dieu au format de concepts et d'idées seulement humains. En dernière analyse, la théologie négative débouche sur une négation de l'être même de Dieu — ce qu'il ne faut, bien entendu, pas confondre avec un énoncé d'athéisme! «Dieu n'est pas» veut dire, pour le penseur de la théologie négative, que la manière dont «il y a» Dieu transcende irréductiblement les capacités de la pensée et du langage humains.

Qu'il y ait un élément de théologie négative dans le «système» de saint Thomas d'Aquin — un auteur qui, ne l'oublions pas, se refuse à continuer son travail intellectuel après avoir rencontré la Vérité —, c'est un fait que l'on peut vérifier dans plusieurs textes thomistes. Par exemple, dans son commentaire sur le *Livre des causes*, le Docteur angélique écrit:

> (**T46**) À la vérité, la Première Cause est au-dessus de l'étant (*supra ens*) pour autant qu'Elle est l'être infini

---

[26] *Ibid.*, p. 209.
[27] Pour une excellente introduction à l'histoire de la théologie négative, cfr D. CARABINE, *The Unknown God* (1995).

même. D'autre part, l'on qualifie d'étant ce qui
participe d'une manière finie à l'être, et c'est cela qui
est adapté à notre intellect, dont l'objet est «ce qu'est
quelque chose», comme il est dit dans le livre III du
traité *De l'âme*. D'où est seul saisissable par notre
intellect ce qui a une quiddité qui participe à l'être.
Mais la quiddité de Dieu est l'être lui-même, c'est
pourquoi Il est au-dessus de l'intellect[28].

Ce texte nous apprend deux choses, en effet. D'abord, Thomas d'Aquin y explique pourquoi, en dernière analyse, l'être
de Dieu nous est inconnaissable[29]. C'est que l'intellect
humain est fait pour saisir des *étants*, c'est-à-dire pour saisir
l'être «contracté», qui s'est fait telle ou telle substance ou
«quiddité» particulière. Par contre, nous ne saurions comprendre ce qu'est l'«être» tout court, indifférencié, illimité.
Or Dieu est précisément l'être tout court, avant toute différenciation ou limitation. Dès lors, bien que nous puissions
énoncer que Dieu est l'«être par soi subsistant», cette

---

[28] «(...) secundum rei veritatem, Causa prima est supra ens, inquantum
est ipsum esse infinitum. Ens autem dicitur id quod finite participat esse
et hoc est proportionatum intellectui nostro, cuius obiectum est "quod
quid est" ut dicitur in III *de Anima*. Unde illud solum est capibile ab
intellectu nostro quod habet quidditatem participantem esse; sed Dei
quidditas est ipsum esse, unde est supra intellectum» (*In De causis*, prop.
VI, lect. 6, §175).

[29] Cfr aussi *Qu. disp. de veritate*, qu. 2, art. 1, ad 9; *Ed. leon.* XXII: 42:
«(...) quid est ipsius Dei semper nobis occultum remanet: et haec est
summa cognitio quam de ipso in statu viae habere possimus ut cognoscamus Deus esse supra omne id quod cogitamus de eo, ut patet per Diony-
sium in I cap. De mystica theologia»; *Summa contra gentiles*, lib. I, cap. 5,
§*Est enim*; *Ed. leon.* XIII: 14: «Tunc enim solum Deum vere cognoscimus
quando ipsum esse credimus supra omne id quod de Deo cogitari ab
homine possibile est (...)»; *In De div. nom.*, cap. VII, lect. 4, §731: «(...)
et iterum cognoscitur *per ignorantiam* nostram, inquantum scilicet hoc
ipsum est Deum cognoscere, quod nos scimus nos ignorare de Deo quid
sit»; etc.

notion ne correspond, au vrai, à rien que nous pourrions imaginer. Dieu est alors — et c'est le deuxième point que fait ressortir très clairement ce texte — l'être même; il n'est point un étant, se situant nettement *supra ens*, «au-dessus de l'étant»[30].

Qu'est-ce que cela veut dire? Eh bien, cela veut dire que Dieu n'«est» pas. Car quoique l'être soit bien ce qui fait en sorte que les étants, eux, *soient* — nous avons vu que l'être les soutient à la fois comme leur principe et comme leur fin —, l'être lui-même n'«est» pas[31]. C'est là quelque chose que saint Thomas ne dit pas très souvent: sans nul doute, la conclusion évidente que, si l'être n'«est» pas, Dieu également n'«est» pas, a dû lui paraître choquante. Toutefois, il y a au moins un texte dans lequel l'Aquinate semble insinuer l'identification de l'être non différencié, «non étant», avec le non-être:

> (T47) De la même manière que nous ne pouvons pas dire que le «courir» lui-même court, ainsi nous ne pouvons pas dire que l'être lui-même est. Plutôt, la chose même qui *est*, est signifiée comme le sujet de l'être, de la même manière que ce qui court est signifié comme le sujet du «courir»: c'est pourquoi, de la même manière que nous pouvons dire de celui qui court, ou du courant, qu'il court, pour autant qu'il est sujet à la course et participe à elle, ainsi nous pouvons dire que l'étant, ou ce qui est, *est*, pour autant qu'il participe à l'acte d'être[32].

---

[30] Cfr J.D. CAPUTO, *Heidegger and Aquinas* (1982), p. 131: «The text is immensely suggestive too for it opens up the sense in which God, as beyond being (*supra ens*), is not any being, and hence is a kind of non-being. This does not mean anything of a Neoplatonic sort [?? — P.R.] but, more in the Heideggerian spirit, that which is not any being, the Being which is other than and concealed by beings.»

[31] Cfr M. HEIDEGGER, *Zur Sache des Denkens* (1976), p. 6: «Sein *ist* nicht.»

[32] «Vnde sicut non possumus dicere quod ipsum currere currat, ita non

Puisque l'être lui-même n'est pas le sujet d'un acte d'être, et qu'il ne participe pas à l'être, l'on ne saurait dire que l'être lui-même *est* — pas plus que l'on ne pourrait dire de la course qu'elle court. Ce n'est jamais l'acte lui-même qui agit; au contraire, c'est plutôt que quelque chose agit *par* l'acte et en vertu de lui. Nous sommes en vertu de Dieu; nos actes procèdent, d'une certaine façon, de Lui et ne visent que Lui; pourtant, Dieu Lui-même n'«est» pas, sauf dans et par les actes et opérations que nous posons. En dehors de la dialectique qui régit notre monde humain, Dieu n'est... rien. Cependant, ce «rien» n'exprime pas quelque défaut dans l'«être» divin, mais plutôt notre incapacité à nous imaginer quelque chose qui ne soit pas un étant limité se distinguant des autres étants par une identité finie.

possumus dicere quod ipsum esse sit; set id ipsum quod est significatur sicut subiectum essendi, uelud id quod currit significatur sicut subiectum currendi; et ideo sicut possumus dicere de eo quod currit siue de currente quod currat in quantum subicitur cursui et participat ipsum, ita possumus dicere quod ens siue id quod est sit in quantum participat actum essendi» (*In De ebdom.*, lect. 2; *Ed. leon.* L: 271).

CHAPITRE IV

DIVERSUS EMANATIONIS MODUS.
UN UNIVERS DE CERCLES

Tout étant n'est quelque chose qu'en n'étant pas quelque chose d'autre. Tout étant doit, dès lors, se distinguer des autres étants pour constituer sa propre identité, c'est-à-dire qu'il doit sortir de soi, se mettre en rapport avec l'autre, pour se retrouver soi-même dans ce rapport. C'est pourquoi l'étant ne saurait exister sans opération, une opération qui à la fois l'entraîne au dehors de soi et lui permet de retourner à soi à travers une assimilation de l'autre à lui-même. Tout étant qui subsiste (c'est-à-dire qui n'est pas un pur accident) est caractérisé par cette *reditio*, par ce retour sur soi, ou mouvement circulaire. Ces réflexions nous sont d'ailleurs bien connues depuis le premier chapitre.

Or il y a différents degrés de *reditio*. Saint Thomas utilise ceux-ci pour saisir la structure hiérarchique de l'univers, c'est-à-dire pour fonder sa cosmologie. Le cosmos thomiste est, en effet, un univers de cercles plus ou moins parfaits. Ainsi pourrait-on appliquer à Thomas d'Aquin ce que l'aristotélisant allemand Klaus Oehler disait à propos d'Aristote, à savoir que sa «cosmologie apparaît (...) comme un système ordonné qui est basé sur différents niveaux d'auto-réflexivité»[1]. Dans un texte célèbre de la *Somme contre les gentils*, l'Aquinate distingue six niveaux de ce qu'il appelle «émanation» (*emanatio*), qui est un autre mot pour «sortie

---

[1] Cfr chapitre premier, p. 58 ci-dessus.

de soi». Et comme loi générale régissant la sortie de soi des
différentes substances, il énonce le principe suivant, appa-
remment paradoxal:

> (T48) Le principe de cette réflexion, on doit le
> prendre d'ici: conformément à la diversité des natures,
> il existe divers modes d'émanation dans les choses: et
> plus une nature est haute [dans la hiérarchie du
> cosmos], plus ce qui émane d'elle lui est intérieur[2].

Toute chose doit, pour être, sortir de soi, ou donner lieu à
une «émanation». Cependant, dans la mesure où une substance est plus «forte», plus puissante, elle exerce une
influence plus assimilatrice sur son environnement. Une
substance d'une dignité ontologique relativement basse ne
se retrouve guère dans l'autre qu'elle doit affronter en sortant de soi: ou bien elle se perd en lui, ou bien elle détruit
tout simplement son altérité. Par contre, une substance
située sur un échelon plus haut du cosmos est caractérisée
par la capacité de s'assimiler son «autre» plus parfaitement,
peut-être même dans une telle mesure qu'en sortant de soi,
c'est-à-dire en se rapportant à ce qui est vraiment «autre»,
elle ne rencontre jamais quelque chose qui se soustraie à sa
maîtrise: c'est évidemment le cas de Dieu, où l'extériorité et
l'intériorité coïncident. De fait, Dieu se reconnaît comme
Lui-même en ce qui n'est pas Lui. Mais voyons de plus près
les choses, en lisant attentivement le texte suivant:

> (T49) Parmi toutes les choses, les corps inanimés
> occupent, en effet, la place la plus basse: en eux, les
> émanations ne peuvent se réaliser autrement que par
> l'action de l'un d'entre eux sur un autre. C'est de la

---

[2] «Principium autem huius intentionis hinc sumere oportet, quod secundum diversitatem naturarum diversus emanationis modus invenitur in
rebus: et quanto aliqua natura est altior, tanto id quod ex eo emanat, magis
ei est intimum» (*Summa contra gentiles*, lib. IV, cap. 11; *Ed. leon.* XV: 32).

sorte, en effet, que le feu est produit par le feu, en ce qu'un corps extérieur est changé par le feu et est conduit à la qualité et à l'espèce de celui-ci.

Parmi les corps animés, les plantes occupent la place suivante: en elles, l'émanation procède déjà de l'intérieur, pour autant que la sève de la plante est transformée en semence à l'intérieur de celle-ci et que cette semence, confiée au sol, grandit en plante. Ici, l'on trouve donc déjà le premier degré de la vie: car sont vivants les êtres qui se mettent en activité d'eux-mêmes, tandis que les êtres qui ne peuvent mettre en mouvement que des choses extérieures sont tout à fait dépourvus de vie. Or dans les plantes il y a cet indice de vie, qu'un élément qui est en elles est en mouvement pour devenir quelque forme. Il n'en reste pas moins que la vie des plantes est imparfaite: c'est qu'en elles (bien que l'émanation procède de l'intérieur), le produit de l'émanation sort peu à peu de l'intérieur et se trouve finalement tout à fait au dehors. Car la sève de l'arbre, en sortant de celui-ci, produit d'abord une fleur et ensuite un fruit, qui est séparé de l'écorce de l'arbre mais lui reste attaché; mais une fois que le fruit est complètement développé, il se sépare tout à fait de l'arbre et, tombant dans le sol, produit une autre plante par la vertu de la semence. Si quelqu'un réfléchit attentivement, [il comprendra que] le premier principe de cette émanation dérive de l'extérieur: en effet, les racines prennent la sève intérieure de l'arbre du sol, dont la plante reçoit sa nourriture.

Au-dessus de la vie des plantes, l'on trouve un degré plus élevé de vie, qui est celui de l'âme sensitive. L'émanation propre de cette dernière a son terme à l'intérieur, bien qu'elle ait son commencement à l'extérieur. Et dans la mesure où l'émanation se porte plus avant, elle retourne plus à l'intérieur. En effet, la chose sensible extérieure fait entrer sa forme dans les sens extérieurs, d'où elle passe à l'imagination et finalement au trésor de la mémoire. Cependant, dans chaque phase de cette émanation, le principe et le terme relèvent de différentes choses, car il n'y a pas de puissance sensitive qui retourne sur elle-même (*in seipsam reflectitur*). Par conséquent, ce degré de vie est d'autant supérieur à la vie des plantes, que l'opération de cette vie se maintient plus à l'intérieur. Mais il ne s'agit pas d'une vie tout à fait parfaite, puisque l'émanation passe toujours d'un élément à un autre.

Il y a alors un degré suprême et parfait de vie qui est celui de l'intellect. En effet, l'intellect retourne sur lui-même (*in seipsum reflectitur*) et peut se connaître lui-même. Or il y a différents degrés dans la vie intellectuelle.

L'intellect humain, en effet, bien qu'il puisse se connaître lui-même, tire le tout début de sa connaissance de l'extérieur: car il n'y a pas d'intellection sans phantasme [ou image sensible], comme il appert de ce qui vient d'être dit ci-dessus.

La vie intellectuelle est dès lors plus parfaite chez les anges, chez lesquels l'intellect n'arrive pas à la connaissance de soi-même à partir de quelque chose d'extérieur, mais se connaît lui-même par lui-même (*per se*). Toujours est-il que la vie des anges n'atteint pas encore la dernière perfection: c'est que l'objet de leur intellection (*intentio intellecta*), bien qu'il leur soit tout à fait intérieur, n'est néanmoins pas lui-même leur substance, puisqu'en eux, connaître et être ne sont pas la même chose, comme il appert de ce qui vient d'être dit ci-dessus.

Dès lors, la plus haute perfection de la vie appartient à Dieu, dans Lequel connaître et être ne sont pas des choses différentes, comme il a été démontré ci-dessus. C'est pourquoi il faut qu'en Dieu, l'objet de l'intellection soit l'essence divine elle-même[3].

---

[3] «In rebus enim omnibus inanimata corpora infimum locum tenent: in

Commentons⁴.

1° Dans la cosmologie thomiste, la place la plus basse est réservée aux étants inanimés, c'est-à-dire aux choses qui

quibus emanationes aliter esse non possunt nisi per actionem unius eorum in aliquod alterum. Sic enim ex igne generatur ignis, dum ab igne corpus extraneum alteratur, et ad qualitatem et speciem ignis perducitur. Inter animata vero corpora proximum locum tenent plantae, in quibus iam emanatio ex interiori procedit: inquantum scilicet humor plantae intraneus in semen convertitur, et illud semen, terrae mandatum, crescit in plantam. Iam ergo hic primus gradus vitae invenitur: nam viventia sunt quae seipsa movent ad agendum; illa vero qui non nisi exteriora movere possunt, omnino sunt vita carentia. In plantis vero hoc inditium vitae est, quod id quod in ipsis est, movet ad aliquam formam. — Est tamen vita plantarum imperfecta: quia emanatio in eis licet ab interiori procedat, tamen paulatim ab interioribus exiens quod emanat, finaliter omnino extrinsecum invenitur. Humor enim arboris primo ab arbore egrediens fit flos; et tandem fructus ab arboris cortice discretus, sed ei colligatus; perfecto autem fructu, omnino ab arbore separatur, et in terram cadens, sementina virtute producit aliam plantam. — Si quis etiam diligenter consideret, primum huius emanationis principium ab exteriori sumitur: nam humor intrinsecus arboris per radices a terra sumitur, de qua planta suscipit nutrimentum. Ultra plantarum vero vitam, altior gradus vitae invenitur, qui est secundum animam sensitivam: cuius emanatio propria, etsi ab exteriori incipiat, in interiori terminatur; et quanto emanatio magis processerit, tanto magis ad intima devenitur. Sensibile enim exterius formam suam exterioribus sensibus ingerit; a quibus procedit in imaginationem; et ulterius in memoriae thesaurum. In quolibet tamen huius emanationis processu, principium et terminus pertinent ad diversa: non enim aliqua potentia sensitiva in seipsam reflectitur. Est ergo hic gradus vitae tanto altior quam vita plantarum, quanto operatio huius vitae magis in intimis continetur: non tamen est omnino vita perfecta, cum emanatio semper fiat ex uno in alterum. Est igitur supremus et perfectus gradus vitae qui est secundum intellectum: nam intellectus in seipsum reflectitur, et seipsum intelligere potest. Sed et in intellectuali vita diversi gradus inveniuntur. Nam intellectus humanus, etsi seipsum cognoscere possit, tamen primum suae cognitionis initium ab extrinseco sumit: quia non est intelligere sine phantasmate, ut ex superioribus patet. — Perfectior igitur est intellectualis vita in angelis, in quibus intellectus ad sui cognitionem non procedit ex aliquo exteriori, sed per se cognoscit seipsum. Nondum

sont dépourvues d'une âme et, dès lors, «mortes». Le cercle que ces étants sans âme décrivent en sortant d'eux-mêmes — en «émanant» — constitue un retour sur soi hautement médiatisé, très indirect et imparfait. D'après l'exemple que nous fournit saint Thomas, un feu qui produit un autre feu se répand dans son environnement en agissant sur quelque chose de tout à fait «autre» — disons, une bûche. Cette bûche est changée en feu, en acquérant toutes les qualités de celui-ci (chaleur, éclat, etc.). Le feu se retrouve alors dans l'autre sur lequel il agit, mais c'est seulement de façon générique. Car, si la flamme de l'allumette que j'utilise pour allumer le feu qui consommera la bûche est elle-même du feu, le feu qu'elle engendre lui est pourtant totalement extérieur. La «nature» qui retourne sur elle-même dans le feu ne peut se rejoindre et se conserver qu'en s'extériorisant dans un autre étant de la même espèce. Autrement dit, l'auto-conservation, qui est à la racine de ce retour sur soi[5], ne peut se réaliser qu'au niveau générique:

tamen ad ultimam perfectionem vita ipsorum pertingit: quia, licet intentio intellecta sit eis omnino intrinseca, non tamen ipsa intentio intellecta est eorum substantiae; quia non est idem in eis intelligere et esse, ut ex superioribus patet. — Ultima igitur perfectio vitae competit Deo, in quo non est aliud intelligere et aliud esse, ut supra ostensum est, et ita oportet quod intentio intellecta in Deo sit ipsa divina essentia» (*Summa contra gentiles*, lib. IV cap. 11; *Ed. leon.* XV: 32).

[4] Le commentaire le plus circonstancié du présent passage se trouve dans le livre de R.L. Fetz, *Ontologie der Innerlichkeit* (1975), qui y est consacré en son entier. Cfr également P. Vanier s.j., *Théologie trinitaire chez saint Thomas d'Aquin* (1953), pp. 101-103; B. Lakebrink, *Hegels dialektische Ontologie und die thomistische Analektik* (1955), pp. 295-297; H. Berger, *Graden van emanatie, van leven en van zelfreflectie* (1990).

[5] Cfr *S.T.* I, qu. 60, art. 5, obi. 3; *Ed. leon.* V: 104: «(...) natura reflectitur in seipsam: videmus enim quod omne agens naturaliter agit ad conservationem sui».

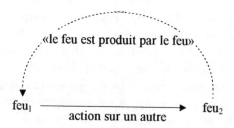

Notons encore que, non seulement le retour sur soi des étants inanimés est imparfait, de sorte qu'ils ne se retrouvent dans l'autre que génériquement; mais il ne se retrouvent pas vraiment dans un *«autre»* — lorsque le feu consomme la bûche, il détruit justement l'altérité de celle-ci. Concluons que ce qui ne conserve pas son identité propre dans son opération ne sort pas non plus vraiment de «soi», vu qu'il finit toujours par ne rencontrer dans son environnement que d'autres instances de lui-même. Étrange paradoxe! C'est peut-être cela que saint Thomas veut dire plus loin dans notre texte, lorsqu'il déclare, en analysant l'émanation des âmes sensitives: «Dans la mesure où l'émanation se porte plus avant, elle retourne plus à l'intérieur». Là où il n'y a pas de vrai «dehors», de vrai «autre», il n'y a pas non plus de vrai «intérieur», de vraie identité.

2° Mais passons à l'émanation des plantes. Comme les étants inanimés, les plantes font retour sur elles-mêmes de façon générique: une plante produit une autre plante, c'est-à-dire qu'elle transforme une partie de son environnement matériel en quelque chose qui lui ressemble. De la sorte, elle se rencontre pour ainsi dire elle-même dans l'autre qu'est son habitat. Cependant, même si le cercle décrit par l'émanation de la plante ne se boucle pas dans le même individu, il y a dans la plante, à la différence des étants inanimés, un autre mouvement qui témoigne d'une intériorité ou identité plus développée. En effet, la production d'une nouvelle plante présuppose la production préalable de la semence, et cette production a lieu tout à fait à l'intérieur de l'organisme de la plante[6]. Ce qui veut dire que le processus par lequel la plante cherche à se retrouver dans l'autre (dans une autre plante de la même espèce) connaît un premier stade où l'autre naît à l'intérieur du même. Ce premier stade est pourtant passager; car la semence ou le fruit finit par se séparer de la plante originale:

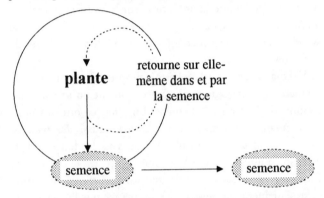

plante

retourne sur elle-même dans et par la semence

semence ⟶ semence

«le produit de l'émanation sort peu à peu de l'intérieur et se trouve finalement tout à fait au dehors»

Saint Thomas souligne que la sortie de soi de la plante, outre qu'elle ne lui permet pas d'établir une identité propre et individuelle, est hétéronome: car la production d'une nouvelle plante à travers la semence dépend de la nourriture que les racines extraient du sol. Autrement dit, la plante doit transformer son habitat — son autre — pour retourner sur elle-même. À l'identité imparfaite et labile de la plante correspond son incapacité de laisser l'autre qu'elle rencontre être autre.

---

[6] «Generatur aliquid in ipso generante», comme le formule un texte parallèle se trouvant dans le *Compendium theologiae*, lib. I, cap. 52 (*Ed. leon.* XLII: 97).

3° Le passage de notre texte traitant des âmes sensitives (c'est-à-dire des animaux) est un peu déroutant dans le cadre d'une interprétation qui s'efforce de montrer que l'univers thomiste est ordonné par des degrés de réflexivité. Car dans ce texte, saint Thomas détermine la dignité onto-logique des animaux uniquement en fonction de leur inté-riorité, et — ce qui est plus grave — il semble même écar-ter toute possibilité d'un retour sur soi dans le cas des animaux: «il n'y a pas de puissance sensitive qui retourne sur elle-même», écrit-il en effet. — Regardons les choses de plus près.

L'«émanation», ou l'opération propre des animaux, leur manière distinctive de sortir de soi, consiste en une intério-risation de leur environnement. En effet, ce qui distingue les animaux des étants inanimés, mais aussi des plantes, c'est leur capacité d'assimiler l'autre sans le détruire, leur capacité d'intégrer dans le même l'autre *en tant qu'autre*. Bien que cette capacité soit une caractéristique de l'âme, c'est seulement au niveau des animaux que la nature de celle-ci commence à se montrer pleinement. Selon une célèbre définition aristotélicienne, «l'âme est d'une certaine manière toutes choses»: ἡ ψυχὴ τὰ ὄντα πώς ἐστι πάντα ou, en latin, *anima est quodammodo omnia*[7]. L'âme permet aux étants qui en sont doués de faire entrer l'autre qu'ils perçoi-vent par leurs sens dans la sphère de leur vie intérieure et de l'y garder sans qu'il ne soit transformé en une partie de leur propre identité[8].

---

[7] ARISTOTE, *De anima* III, 8; 431 b 21; cfr S. THOMAS D'AQUIN, *Sentencia libri De anima*, lib. III, lect. 13; *Ed. leon.* XLV, 1: 235.

[8] Cfr *S.T.* I³, qu. 14, art. 1, c; *Ed. leon.* IV: 166: «(...) cognoscentia a non cognoscentibus in hoc distinguuntur, quia non cognoscentia nihil habent nisi formam suam tantum; sed cognoscens natum est habere formam etiam *rei alterius*» (c'est nous qui soulignons).

Mais cette opération de l'âme sensitive ne comporte-elle aucun élément de retour sur soi? D'après le texte que nous sommes en train de lire, non. Toutefois, si l'âme sensitive «subsiste», ce qui semble évident, et que subsistance et retour sur soi se confondent (cfr T17-T19), l'âme sensitive doit, elle aussi, posséder la circularité ou réflexivité qui caractérise toutes les substances. Il n'est dès lors pas étonnant qu'il y ait d'autres textes dans lesquels saint Thomas revient sur la position qu'il a formulée dans la *Somme contre les gentils*. En effet, dans le passage suivant, il indique clairement la forme particulière que prend la *reditio* de l'âme sensitive:

> (T50) Les choses qui sont les plus parfaites parmi les étants, comme les substances intellectuelles, retournent sur leur essence par un retour complet (*redeunt ad essentiam suam reditione completa*). En effet, en ce qu'elles connaissent quelque chose qui se trouve en dehors d'elles, elles sortent d'une certaine manière d'elles-mêmes; mais en ce qu'elles connaissent leur propre acte de connaissance (*cognoscunt se cognoscere*), elles commencent déjà à retourner sur elles-mêmes, puisque l'acte de connaissance occupe le milieu entre ce qui connaît et ce qui est connu. Cependant, ce retour s'achève en ce qu'elles connaissent leurs propres essences: d'où il est dit dans le *Livre des causes* que «toute chose qui connaît son essence, fait un retour complet sur son essence (*est rediens ad essentiam suam reditione completa*)». Or la faculté sensitive (*sensus*), qui est plus proche que les autres de la substance intellectuelle, commence à retourner sur son essence, parce qu'elle ne connaît pas seulement la chose sensible, mais également son acte de sentir (*cognoscit se sentire*). Toutefois, son retour ne s'achève pas, puisque la faculté sensitive ne connaît pas son essence[9].

---

[9] «(...) illa quae sunt perfectissima in entibus, ut substantiae intellec-

Ne nous arrêtons pas pour l'instant à la description de la *reditio completa* qui appartient aux substances intellectuelles; car dans le passage que nous lisons, cette *reditio completa* ne sert que comme point de comparaison pour la *reditio incompleta*[10] de l'âme sensitive. Cette dernière est dite connaître son propre acte de sensation, ce qui constitue, selon saint Thomas, une sorte de retour sur soi «inchoatif» ou incomplet, puisque la faculté sensitive n'achève pas le cercle du retour jusqu'à sa propre essence. En d'autres mots, un animal ne voit, ne sent et n'entend pas seulement des choses extérieures, mais il est, en plus, conscient du fait qu'il voit, sent et entend ces choses «autres» que lui-même. Toujours est-il qu'il n'a aucune notion de son identité propre:

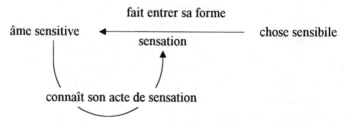

tuales, redeunt ad essentiam suam reditione completa: in hoc enim quod cognoscunt aliquid extra se positum, quodam modo extra se procedunt; secundum vero quod cognoscunt se cognoscere, iam ad se redire incipiunt quia actus cognitionis est medius inter cognoscentem et cognitum. Sed reditus iste completur secundum quod cognoscunt essentias proprias, unde dicitur in libro De causis, quod «omnis sciens essentiam suam est rediens ad essentiam suam reditione completa». Sensus autem, qui inter cetera est propinquior intellectuali substantiae, redire quidam incipit ad essentiam suam quia non solum cognoscit sensibile sed etiam cognoscit se sentire; non tamen completur eius reditio quia sensus non cognoscit essentiam suam» (*Qu. disp. de veritate*, qu. 1, art. 9, c; *Ed. leon.* XXII: 29).

[10] Ce terme ne se trouve pas comme tel chez saint Thomas; mais cfr *Qu. disp. de veritate*, qu. 10, art. 9, c; *Ed. leon.* XXII: 328: «Sed ista reditio incomplete quidem est in sensu, complete autem in intellectu qui reditione completa redit ad sciendum essentiam suam.»

Pourquoi l'animal ne possède-t-il pas de notion développée de soi et reste-t-il plutôt confiné à la seule connaissance de ses actes de sensation? De fait, si l'âme sensitive permet à l'autre de rester lui-même à l'intérieur d'elle, ne devrait-elle pas, à son tour, être en mesure de développer une conscience de son identité? Car rappellons-nous le principe d'après lequel «dans la mesure où l'émanation se porte plus avant, elle retourne plus à l'intérieur». Or si l'âme sensitive reconnaît l'autre *comme autre* dans son opération (comme nous l'avons dit, car *anima est quodammodo omnia*), ne devrait-elle pas aussi se reconnaître pleinement elle-même?[11] À la vérité, l'Aquinate ne répond pas à cette question. Toutefois, étant donné que le Docteur angélique nie l'existence d'une connaissance de soi proprement dite dans le cas des animaux, il doit y avoir une raison. Peut-être, en effet, leur reconnaissance de l'autre comme autre n'est-elle pas si parfaite que cela. Au vrai, l'animal perçoit toujours l'autre uniquement en fonction de ses propres besoins, désirs et instincts. Qu'est-ce qu'un lapin pour un chien, sinon un objet de chasse qui peut lui servir de nourriture? Admettons alors que le chien perçoit le lapin comme un autre qui ne coïncide point avec sa propre identité; il n'en demeure pas moins que le lapin n'est jamais pour lui un objet de contemplation désintéressée. «L'univers d'une mouche (...) ne comprend que des "choses-pour-la-mouche"; celui de l'oursin, que des "choses-pour-l'oursin"»[12].

---

[11] En effet, comme l'écrit H.P. Kainz dans son article *Angelology, Metaphysics, and Intersubjectivity* (1989), «there should be a correlativity between self-knowledge and knowledge of the other, such that the relative state of "transparency" (or the lack of it) of any being to itself would affect its cognitive relationship to other beings; and vice versa, its relationship to others would influence the possible scope of its self-knowledge» (pp. 128 sq.).

[12] E. Cassirer, *Essai sur l'homme* (1975), p. 41.

4° Or ce qui constitue la spécificité de l'âme intellective, c'est précisément cette capacité de contemplation désintéressée qui fait défaut chez les animaux. Puisque l'intellect est en mesure de reconnaître l'autre dans sa pleine altérité — c'est-à-dire puisque l'intellect possède la force de sortir vraiment de soi, sans se dissoudre dans l'autre ou détruire celui-ci —, il est également capable de se connaître pleinement lui-même. Son retour sur soi est dès lors «complet», comme dit saint Thomas: il fait une *reditio completa* (voir T50 ci-dessus).

Dans le cas de l'intellect humain, la *reditio completa* reste hétéronome, en ce sens que l'âme humaine ne saurait se connaître elle-même sans se rapporter à quelque chose d'autre qui se trouve à l'extérieur d'elle. L'âme humaine peut s'ouvrir à l'autre en tant qu'autre et le recevoir en elle; mais elle ne porte pas l'autre en elle-même. Autrement dit, d'une part son identité est suffisamment forte pour lui permettre d'accueillir en elle l'autre en tant que tel; mais d'autre part, son identité reste aussi irréductiblement distincte de l'altérité de l'autre. Il s'en suit que pour l'intellect humain, la rencontre de l'autre recèle toujours un danger. Puisque la tension entre le même et l'autre reste insurmontable, nous risquons toujours ou bien de nous perdre dans l'autre[13], ou bien de nier son altérité et de le traiter comme un moyen pour satisfaire nos propres désirs. Les deux cas impliquent une *méconnaissance*[14] de l'altérité qui ne se laisse pas complètement éliminer de la condition humaine[15].

---

[13] Comme le P. de Finance le décrit graphiquement dans le texte que nous avons cité au chapitre II, à la p. 73 ci-dessus.

[14] Pour la notion de «méconnaissance», cfr J. LACAN, *Écrits* (1966), p. 897, II.B.1.a.

[15] C'est-à-dire que l'autre ne peut jamais devenir pour nous une pure fin en soi; même notre désir de Dieu reste dès lors toujours coloré de notre désir de nous-mêmes, comme nous l'avons expliqué dans le chapitre II. Le

Le processus exact par lequel l'intellect humain retourne
sur lui-même à travers l'autre qui ne coïncide pas avec
lui n'est pas exposé de façon très détaillée dans le texte
n° 49. L'Aquinate renvoie plutôt à «ce qui vient d'être
dit ci-dessus». Il nous faut dès lors nous tourner vers un
autre texte qui traite plus amplement la *reditio* de l'âme
humaine:

> (T51) Cette expression, par laquelle on dit que ce qui
> se connaît soi-même (*sciens se*), retourne à son essence,
> est une expression métaphorique; en effet, il n'y a pas
> de mouvement dans l'intellection, comme il est prouvé
> dans le livre VII de la *Physique*. Dès lors, il n'y a pas
> non plus, à proprement parler, un mouvement
> d'éloignement ou de retour (*recessus aut reditus*).
> Néanmoins, l'on dit qu'il y a un processus ou
> mouvement [dans l'intellection] pour autant que l'on
> passe d'un objet de connaissance à un autre. Et en
> nous [, êtres humains], ceci se produit par une sorte
> de mouvement discursif, selon lequel il y a une sortie
> et un retour (*exitus et reditus*) dans notre âme
> lorsqu'elle se connaît. En effet, l'acte qui sort d'elle
> porte en premier lieu sur l'objet; et ensuite il revient
> sur l'acte; et puis sur la puissance (*potentiam*[16]) et
> l'essence, conformément au fait que les actes sont

paradoxe est qu'il n'est pas possible de devenir pleinement soi-même
— que le désir de soi reste inassouvi — tant que l'autre n'est pas
reconnu et aimé en tant que vraiment «autre». C'est dans cette perspective qu'il faut comprendre l'affirmation de saint Thomas, dans le texte
n° 34, selon laquelle «chaque chose tend à son propre bien, puisqu'elle
tend à la divine ressemblance, et non à l'inverse». La perfection de
l'étant consiste en ce que l'étant se transcende. À ce sujet, on pourra lire
les réflexions d'A. LÉONARD, *Le fondement de la morale* (1991), surtout
p. 338, et l'article de J. McEvoy, *Amitié, attirance et amour chez S. Thomas
d'Aquin* (1993).

[16] *Potentia* est ici synonyme de *virtus*; cfr notre remarque au chapitre premier, p. 68 n. 45.

connus à partir de leurs objets, et les puissances
(*potentiae*) par leurs actes[17].

L'intellect humain parvient à se connaître lui-même, c'est-à-
dire à développer une conscience de son identité, dans et
par une opération en trois temps. D'abord, il doit sortir de
soi pour se rapporter à un objet «autre» que lui-même. Cet
objet «autre» est ainsi entraîné dans la sphère de l'identité
de l'âme intellective humaine, mais sans que son altérité n'y
soit dissoute (rappelons-nous ce que nous avons déjà dit ci-
dessus au sujet de l'âme sensitive). Ensuite, l'intellect
humain fait retour sur son propre acte d'intellection, ce qui
veut simplement dire qu'il est conscient de son acte en
l'effectuant. Mais ce qui différencie l'intellect humain de
l'âme sensitive, c'est le troisième stade de son retour sur soi,
où il finit par saisir sa propre «essence», ou identité, c'est-à-
dire par se reconnaître, à travers l'autre, comme soi-même:

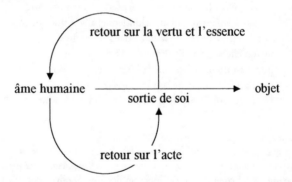

---

[17] «(…) locutio haec qua dicitur, quod sciens se, ad essentiam suam redit,
est locutio metaphorica; non enim in intelligendo est motus, ut probatur
in VII *Physicorum*. Unde nec, proprie loquendo, est ibi recessus aut reditus; sed pro tanto dicitur esse processus vel motus, in quantum ex uno
cognoscibili pervenitur ad aliud; et in nobis fit per quendam discursum,
secundum quem est exitus et reditus in animam nostram, dum cognoscit
seipsam. Primo enim actus ab ipsa exiens terminatur ad obiectum; et
deinde reflectitur super actum; et deinde super potentiam et essentiam,

À la fin du texte n° 51, saint Thomas fait une remarque qui, à première vue, doit paraître assez cryptique: «les actes sont connus à partir de leurs objets, et les puissances par leurs actes». Par là, le Docteur angélique entend dire que la «puissance», c'est-à-dire l'essence de l'âme humaine en tant que principe produisant des effets, ne devient accessible, même à elle-même, qu'à travers un acte, ou une opération. En outre, cette opération est elle-même dépendante d'un objet pour se réaliser; car «en elle-même», une opération n'est rien[18]. Je suis moi-même, ou plutôt: je deviens moi-même, dans et par les actes que je pose, des actes qui se rapportent à des objets spécifiques et qui sont impossibles sans eux. Je n'aime pas dans l'abstrait, par exemple, mais l'acte d'amour présuppose une personne qui en est l'objet. À travers cette personne que j'aime, les autres (et moi-même) sont en mesure de connaître qui je «suis». Il n'y a aucune saisie immédiate de soi dans la connaissance humaine, où — ne l'oublions pas — «tout étant n'est quelque chose qu'en n'étant pas quelque chose d'autre». Tout ce que nous pouvons dire au sujet de l'«essence» de notre âme est dû à des raisonnements indirects, qui s'efforcent de déterminer les caractéristiques distinctives de l'âme en analysant les actes dans lesquels elle s'extériorise et les objets sur lesquels ces actes portent:

secundum quod actus cognoscuntur ex obiectis, et potentiae per actus» (*Qu. disp. de veritate*, qu. 2, art. 2, ad 2; *Ed. leon.* XXII, 1: 45). Cfr aussi *ibid.*, qu. 10, art. 9, c; *Ed. leon.* XXII, 2: 328: «unde actio intellectus nostri primo tendit in ea quae per phantasmata apprehenduntur et deinde redit ad actum suum cognoscendum, et ulterius in species et habitus et potentias et essentiam ipsius mentis.»

[18] Cfr aussi *In Sent.*, lib. I, dist. 3, qu. 1, art. 2, ad 3: «Unde etiam anima sibi praesens est; tamen maxima difficultas est in cognitione animae, nec devenitur in ipsam, nisi ratiocinando ex objectis in actus et ex actibus in potentias.»

(T52) [La façon indirecte dont l'homme parvient à connaître son âme] devient claire lorsqu'on regarde attentivement la manière dont les philosophes ont conduit leurs recherches sur la nature de l'âme. En effet, du fait que l'âme humaine connaît les natures universelles des choses, ils s'aperçurent que l'image (*species*) par laquelle nous pensons est immatérielle; sans quoi elle serait individualisée, et alors elle ne mènerait pas à une connaissance de l'universel. Or, du fait que l'image intelligible est immatérielle, ils s'aperçurent que l'intellect est quelque chose qui ne dépend pas de la matière; et de là ils en sont venus à la connaissance des autres propriétés de l'âme intellective[19].

Pour connaître les propriétés de l'intellect humain, il faut partir de ses objets. Or, en analysant ceux-ci, l'on découvre que l'intellect est une faculté pour penser l'universel. D'où il s'en suit que l'image intellectuelle par laquelle l'intellect effectue l'acte de penser cet universel doit être immatérielle. En effet, si l'image était matérielle, elle ne serait pas en mesure de véhiculer des concepts universaux; car la matérialité implique l'individualité. Finalement, si le moyen des actes de l'intellect est immatériel, celui-ci doit l'être aussi.

Nous avons dit ci-dessus (p. 128) que l'âme humaine serait capable de se connaître «pleinement» elle-même. C'est une affirmation qu'il faut maintenant nuancer, à la lumière des textes n°s 51 et 52. Il reste toujours vrai que l'âme intellective

---

[19] «Quod patet intuendo modum quo philosophi naturam animae investigaverunt: ex hoc enim quod anima humana universales rerum naturas cognoscit, perceperunt quod species qua intelligimus est immaterialis, alias esset individuata et sic non duceret in cognitionem universalis; ex hoc autem quod species intelligibilis est immaterialis, perceperunt quod intellectus est res quaedam non dependens a materia, et ex hoc ad alias proprietates cognoscendas intellectivae animae processerunt» (*Qu. disp. de veritate*, qu. 10, art. 8, c; *Ed. leon.* XXII: 322).

possède un concept développé de sa propre identité, et ceci à la différence des animaux. Mais cela n'implique nullement qu'elle est totalement transparente à elle-même. En effet, puisque dans le cas de l'intellection humaine l'âme reste toujours différente de l'autre qu'elle rencontre en sortant de soi, elle reste également toujours autre qu'elle-même[20]. Identité et différence, sortie de soi et retour sur soi, extériorisation et intériorisation doivent être pensés selon une stricte complémentarité.

5° L'intellect humain est donc à même de se connaître lui-même, mais les voies par lesquelles il arrive à la conscience de soi sont — nous venons de le voir — indirectes et imparfaites. Puisque l'autre à travers lequel l'âme humaine constitue son identité lui reste extérieur, elle reste aussi extérieure à elle-même. Mais s'il y avait des êtres qui, pour rencontrer l'autre, n'auraient pas à sortir d'eux-mêmes, c'est-à-dire qui porteraient l'autre en tant qu'autre toujours déjà en eux-mêmes? Alors ces êtres seraient doués d'une connaissance de soi beaucoup plus directe que celle de l'intellect humain, parce que l'autre qui est de toute façon requis pour médiatiser la connaissance de soi leur serait intérieur.

Les êtres dont nous sommes en train de parler correspondent à ce que sont les anges dans l'univers de saint Thomas d'Aquin. Selon le Docteur angélique, ceux-ci voient les essences des autres choses en eux-mêmes, car leur intellect fonctionne comme un miroir qui reflète les idées créatrices de Dieu[21]. Cependant, les anges ne *sont* pas leur autre, bien

---

[20] L'âme humaine ne coïncide pas, si l'on veut, avec sa propre essence, qu'elle cherche sans cesse à rejoindre «intelletuellement», sans jamais y parvenir pleinement: car «principia essencialia rerum sunt nobis ignota» (*Sentencia libri De anima*, lib. I, cap. 1; *Ed. leon.* XLV, 1: 7). Nous reviendrons à ce problème dans le prochain chapitre.

[21] Cfr *Qu. disp. de veritate*, qu. 8, art. 9, c; *Ed. leon.* XXII, 2: 250: «(…)

qu'ils le contiennent; ce qui fait qu'ils ne sont pas non plus pleinement identiques avec eux-mêmes: leur existence reste divisée. C'est la raison pour laquelle l'Aquinate parle d'une distinction entre l'être et le connaître des anges.

intellect angélique   se connaît lui-même par lui-même

idées créatrices········▶ être ≠ connaître

miroir qui reflète les
essences des choses

6° En Dieu, l'être et le connaître coïncident. En Dieu, il n'y a aucune division, ou «refente», qui ferait en sorte qu'Il devrait chercher son identité parfaite en dehors de Lui-même. Ceci ne revient pas à dire que Dieu se connaisse sans médiation. Même en Dieu, la connaissance de soi doit passer par la connaissance de l'autre et est, dès lors, circulaire:

unde intellectus noster comparatur "tabulae in qua nihil est scriptum", intellectus autem angeli tabulae depictae vel speculo in quo rerum rationes resplendent.» Cfr aussi *S.T.* I, qu. 56, art. 2, c; *Ed. leon.* V: 65: «Sic igitur unicuique spiritualium creaturarum a Verbo Dei impressae sunt omnes rationes rerum omnium, tam corporalium quam spiritualium», et *S.T.* I, qu. 56, art. 3, c; *Ed. leon.* V: 67: «(...) ipsa natura angelica est quoddam speculum divinam similitudinem repraesentans.» Pour une discussion plus détaillée de la connaissance angélique, cfr G.N. Casey, *Angelic Interiority* (1989) et H.P. Kainz, *Angelology, Metaphysics, and Intersubjectivity* (1989).

(T53) Subsister en soi appartient au plus haut degré à
Dieu. C'est pourquoi, selon cette façon de parler[22],
c'est au plus haut degré qu'Il fait retour sur son
essence et se connaît Lui-même[23].

Seulement, à la différence des essences créées, l'essence de
Dieu *est* son autre. Pour atteindre l'autre, Dieu n'a dès lors
pas à sortir de soi, puisque c'est en Lui, comme nous l'avons
vu au chapitre II, que l'autre a sa plus propre perfection
(voir surtout T32 et T33).

Paradoxalement, une autre manière de dire exactement la
même chose est que Dieu n'est rien d'autre que sortie de
soi, communication de soi et épanouissement — mais pré-
cisons aussitôt qu'il s'agit ici d'une sortie sans extériorité, ou
d'un épanouissement pour ainsi dire «intérieur». Expliquons-nous. D'une part, Dieu, s'il *est*[24], n'est rien d'autre
que le principe et la fin du mouvement des étants qui *se*
cherchent en Lui; hors de ce mouvement de création et de
«contraction» continues, Il n'est... «rien»[25]. Dieu *est* donc
dans ce mouvement d'extériorisation. D'autre part, le mouvement des créatures qui se cherchent en Dieu reste toujours un mouvement *en* Dieu, puisqu'il reste toujours un
mouvement dans l'être[26]. Dieu est donc l'intériorité accom-

---

[22] «Cette façon de parler» est une allusion aux origines néoplatoniciennes
du concept de retour sur soi.

[23] «Per se autem subsistere maxime convenit Deo. Unde secundum hunc
modum loquendi, ipse est maxime rediens ad essentiam suam, et cognoscens seipsum» (*S.T.* I, qu. 14, art. 2, ad 1; *Ed. leon.* IV: 169). Cfr aussi *Qu.
disp. de veritate*, qu. 2, art. 2, ad 2.

[24] Ne l'oublions pas: Dieu n'a pas à être.

[25] Cfr nos réflexions à la fin du dernier chapitre, dans la section intitulée
«Dieu a-t-il à être?».

[26] Cfr *S.T.* I², qu. 8, art. 1, ad 2; *Ed. leon.* IV: 82: «(...) licet corporalia
dicantur esse in aliquo sicut in continente, tamen spiritualia continent ea
in quibus sunt, sicut anima continet corpus. Unde et Deus est in rebus
sicut continens res. Tamen per quamdam similitudinem corporalium,
dicuntur omnia esse in Deo, inquantum continentur ab ipso.»

plie. Or dans leur mouvement à l'intérieur de Dieu les étants se différencient de Lui, puisqu'ils se réalisent comme des *aliquid*, c'est-à-dire des êtres limités se distinguant l'un de l'autre. Il n'y a rien qui soit extérieur à l'être divin, mais les étants sont extérieurs l'un à l'autre, et cette extériorité à l'intérieur de Dieu constitue l'altérité qui différencie Dieu de ses créatures. Puisque Dieu n'*est* rien d'autre que ce processus d'autodifférenciation intérieure de sa propre identité, Il se reconnaît Lui-même dans le processus qui le rend autre que Lui-même.

Bien que nous nous soyons sans nul doute ici lancés dans une bataille perdue contre les limites du langage humain, essayons d'envisager le retour sur soi de Dieu encore d'une troisième manière. Tout étant requiert un miroir pour «se voir» et pour être en se voyant[27]. Ce miroir est l'autre. Dans la mesure où l'on monte dans la hiérarchie de l'univers, le miroir à travers lequel l'étant se représente à lui-même lui devient de plus en plus intérieur. Le feu «se représente» dans un autre feu, qui est tout à fait distinct du premier; la plante «se représente» dans une nouvelle plante, qui naît cependant déjà d'une semence produite à l'intérieur de la première; l'animal reconnaît ses actes de sensation à travers les objets de celle-ci; l'homme parvient à une connaissance de soi à partir des objets que son intellect contemple; et l'ange fait retour à soi moyennant un «miroir» d'objets dont les idées créatrices lui sont intérieurement présentes. Quant à Dieu, Celui-ci *est* son propre miroir. En effet, comme l'explique le texte suivant, les étants créés représentent Dieu; or étant donné qu'il n'y a rien qui ne soit pas «contenu» dans l'être divin, Dieu est sa propre médiation:

[27] Cfr J. LACAN, *Le stade du miroir comme formateur de la fonction du Je*, in *Écrits* (1966), pp. 93-100.

(T54) La forme intelligible (*species*) d'une chose se trouve dans un «autre» de deux manières: d'une part, en tant qu'elle préexiste à la chose dont elle est la forme intelligible; d'autre part, en tant qu'elle résulte de la chose elle-même. Ainsi donc, à proprement parler, l'instance où les formes intelligibles des choses apparaissent en tant qu'elles préexistent à la chose, ne saurait être qualifiée de miroir (*speculum*), mais plutôt de modèle (*exemplar*). D'autre part, l'instance où les ressemblances des choses résultent des choses elles-mêmes peut être qualifiée de miroir. Dès lors, puisqu'en Dieu existent les formes intelligibles ou raisons des choses, l'on ne trouve jamais que les saints disent que Dieu serait le miroir des choses, mais plutôt que les choses créées sont elles-mêmes le miroir de Dieu[28].

Dans le diagramme à la page suivante, la création apparaît comme une tangente au cercle de la réflexivité divine. Plus proprement, la diversité infinie des créatures devrait être représentée par une infinité de tangentes, qui, elles, devraient être infiniment petites, puisqu'il n'y a rien qui sorte du cercle divin. En utilisant cette image géométrique, on pourrait alors s'expliquer les rapports entre l'essence divine et son «miroir» comme suit. Chaque tangente à la courbe du retour sur soi de Dieu possède forcément deux points: soient ces deux points deux étants se rapportant l'un à l'autre

---

[28] «(...) species alicuius rei invenitur in alio dupliciter: uno modo sicut praeexistens ad rem cuius est species, alio modo sicut a re ipsa resultans. Illud igitur in quo apparent species rerum ut praeexistentes ad rem non potest proprie speculum dici sed magis exemplar; illud autem speculum potest dici in quo rerum similitudines a rebus ipsis resultant. Quia igitur in Deo sunt species vel rationes rerum, nusquam invenitur dictum a sanctis quod Deus sit rerum speculum sed magis quod ipsae res creatae sunt speculum Dei» (*Qu. disp. de veritate*, qu. 12, art. 6, c; *Ed. leon.* XXII: 388).

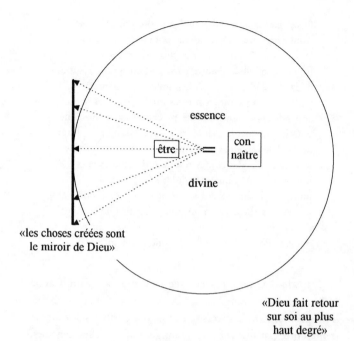

«Dieu fait retour
sur soi au plus
haut degré»

dans une opération. (N'oublions pas qu'un étant sans rapport à un autre ne serait pas un étant.) Dans la géométrie
infinitésimale, tout cercle peut être «renormalisé», comme
on dit: c'est-à-dire que, divisé en des tangentes infiniment
petites, tout cercle peut être réduit à une série infinie de
lignes droites d'une longueur infinitésimale[29]:

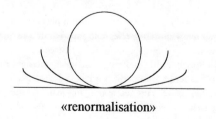

«renormalisation»

[29] Cfr I. STEWART, *Dieu joue-t-il aux dés?* (1992), pp. 287-291.

Dieu n'«est» alors rien d'autre que la série infinie d'opérations dans lesquelles son essence se reflète. La réalisation de l'essence divine, sa *reditio, coïncide* avec ces opérations; c'est la raison pour laquelle Dieu n'a pas à se rapporter à la créature (voir T43), comme s'il y avait une distance entre Lui et son miroir créé. Inversement, les opérations des étants peuvent être envisagées comme des mouvements infiniment petits sur le cercle de la réflexivité divine. Puisque la renormalisation fonctionne uniquement dans le sens qui va du cercle à la ligne, et non l'inverse, on pourrait dire que chaque opération participe au mouvement divin du retour de soi, sans se confondre avec celui-ci. En d'autres termes, le «sens» de toute opération est l'identité parfaite du cercle divin; elle n'est compréhensible que «par référence» à la circularité divine, mais l'ultime perfection de la *reditio* lui échappe à jamais.

CHAPITRE V

RATIO EST INTELLECTUS OBUMBRATUS.
LE PROBLEME DU (DÉ)VOILEMENT
ET LA CONNAISSANCE HUMAINE

L'homme ne dispose pas d'une connaissance immédiate de soi, car tout ce qu'il sait de sa propre essence est le résultat de multiples inférences: l'âme humaine est censée être immatérielle, puisque les images intellectuelles par lesquelles elle pense le sont; celles-ci sont immatérielles puisqu'elles sont universelles, et que l'universalité est incompatible avec la matérialité[1]. Autrement dit, je suis celui que je suis — ou, plutôt, je suis celui que je m'imagine être — parce que je me découvre moi-même dans les rapports qui me mettent en contact avec mon environnement. Plus précisément, je me découvre moi-même dans les objets de mes actes: car «les actes sont connus à partir de leurs objets, et les puissances par leurs actes», comme l'explique saint Thomas dans le texte n° 51. Je me marie, je pose l'acte de me marier, et désormais je me vois, du moins partiellement, dans mon épouse. Je suis nommé professeur, j'accepte la nomination, et désormais je me définis, du moins partiellement, par mon enseignement et par mes étudiants et collègues. Mais est-ce que cet homme marié, avec son existence académique, est vraiment ce que je suis, est-il ce que «je» suis vraiment? Je ne le sais pas. À la différence des anges et, bien entendu, de Dieu, l'homme ne possède

---

[1] Cfr le chapitre précédent, surtout pp. 131 sq.

aucune connaissance de soi «par soi» (*per se*)[2]. Le «moi» de l'homme, son identité objective, incarnée pour ainsi dire dans ses rapports avec le monde, reste à jamais comme en retrait sur son Je qui, lui, se dérobe à toute objectivation[3]. Comme tout étant créé, l'homme est divisé, incapable de se rejoindre lui-même. Il sait *qu'*il est, mais *ce qu'*il est lui reste en dernière analyse caché[4].

La manifestation des essences dans et par leurs effets

Que «les actes» soient «connus à partir de leurs objets, et les puissances par leurs actes» est un principe qui ne vaut pas seulement pour l'âme humaine, mais pour tout étant. C'est là d'ailleurs une conséquence qui découle immédiatement de ce que nous avons nommé le «premier principe de la métaphysique thomiste». En effet, si tout étant doit nécessairement se rapporter à l'autre et sortir de soi pour être lui-même, c'est-à-dire si, au niveau ontologique, l'identité ne se constitue que dans et par la différence de l'autre, alors il n'est pas étonnant qu'épistémologiquement aussi, toute connaissance de l'identité d'une essence soit liée à la connaissance de l'«autre» de cette essence. C'est pourquoi nous lisons dans la *Somme théologique* que «connaître la différence» d'une chose «par rapport aux autres (*differentiam*

---

[2] Cfr *Qu. disp. de veritate*, qu. 10, art. 8, c; *Ed. leon.* XXII, 2: 321 sq.: «Nullus autem percipit se intelligere nisi ex hoc quod aliquid intelligit (…) mens nostra non potest se intelligere ita quod se ipsam immediate apprehendat, sed ex hoc quod apprehendat alia devenit in suam cognitionem».

[3] C'est, bien entendu, Jacques Lacan qui distingue le «Je» transcendantal du sujet de son «moi», incarné dans la «chaîne signifiante». À ce propos, cfr Ph. Van Haute, *Psychoanalyse en filosofie* (1989), surtout pp. 103 sqq.

[4] Cfr la distinction entre la connaissance *an est anima* et la connaissance *quid est anima* dans *Qu. disp. de veritate*, qu. 10, art. 8, c; *Ed. leon.* XXII: 321.

suam ab aliis rebus), c'est connaître sa quiddité et sa nature»[5]. Or connaître la différence d'une chose *par rapport* aux autres requiert justement une connaissance des *rapports* qui mettent cette chose en contact avec son environnement: ce qui veut dire que le seul moyen, au moins *pour nous*, de connaître une essence passe par le détour de ses effets extérieurs. Ainsi saint Thomas écrit-il:

> (T55) Dans l'hypothèse où les effets ne sont pas produits par l'action des choses créées, mais par la seule action de Dieu [comme le prétend l'occasionnalisme[6]], il est impossible que la vertu (*virtus*) d'aucune cause créée soit manifestée (*manifestetur*) par ses effets. En effet, c'est seulement en raison de l'action qui part de la vertu et se termine dans l'effet, que l'effet fait ressortir (*ostendit*) la vertu de sa cause. Or la nature de la cause ne peut être connue par l'effet que dans la mesure où l'on connaît, par ce dernier, la vertu qui s'ensuit de la nature. Dès lors, dans l'hypothèse où les choses créées n'auraient pas d'actions pour produire des effets, il s'en suivrait que la nature d'aucune chose créée ne pourrait jamais être connue par son effet. Et de la sorte, nous sommes privés de toute connaissance de la science naturelle, dans laquelle les démonstrations se font principalement par les effets[7].

---

[5] «(...) cognoscere differentiam suam [*dans ce contexte*: mentis] ab aliis rebus, quod est cognoscere quidditatem et naturam suam» (*S.T.* I, qu. 87, art. 1, c; *Ed. leon.* V: 356).

[6] Sur l'occasionnalisme, cfr nos remarques au chapitre II, p. 83.

[7] «Si effectus non producuntur ex actione rerum creatarum, sed solum ex actione Dei, impossibile est quod per effectus manifestetur virtus alicuius causae creatae; non enim effectus ostendit virtutem causae nisi ratione actionis quae, a virtute procedens, ad effectum terminatur. Natura autem causae non cognoscitur per effectum nisi in quantum per ipsum cognoscitur virtus eius, quae naturam consequitur. Si igitur res creatae non habeant actiones ad producendos effectus, sequetur quod nunquam natura alicuius rei creatae poterit cognosci per effectum. Et sic subtrahitur

La nature (*natura*) ou essence d'une chose possède une force d'extériorisation que l'Aquinate nomme «vertu» (*virtus*)[8] — nous avons déjà rencontré ce terme technique plusieurs fois au cours de nos réflexions. La vertu se manifeste dans les effets qu'elle produit et, avec elle et par elle, se manifeste la nature de la chose agissante. Cette nature nous resterait totalement inconnue, explique saint Thomas, si la régularité des effets qui résultent de la vertu ne nous permettait pas de saisir et de définir la nature comme le centre d'un épanouissement régi par des lois précises et constantes. La nature d'un chien, par exemple, n'est rien d'autre pour nous que le x qui s'extériorise dans une certaine forme et dans certaines actions que nous identifions comme étant «canines»: aboyer, mordre le facteur, etc.

L'inconnaissabilité foncière des essences

Voici, si l'on veut, le côté positif des rapports entre l'essence et ses effets: l'essence *se manifeste* réellement dans ses accidents et opérations, devenant ainsi connaissable. Cependant, le côté négatif consiste en ceci que, comme nous l'avons déjà vu dans le cas de l'intellect humain, l'essence qui se montre dans ses mouvements vers l'extérieur, ne se manifeste jamais *comme telle*, c'est-à-dire comme elle est «en elle-même».

Nous ne connaissons les essences, écrit à ce propos le Père L.-B. Geiger, que par des définitions, c'est-à-dire par un procédé essentiellement indirect, qui délimite, à

---

nobis omnis cognitio scientiae naturalis, in qua praecipue demonstrationes per effectum sumuntur» (*Summa contra gentiles*, lib. III, cap. 69, §*Amplius. Si effectus*; *Ed. leon.* XIV: 200).

[8] Cfr *S.T.* I[a] II[ae], qu. 26, art. 2, ad 1; *Ed. leon.* VI: 189: «virtus significat principium motus vel actionis»; cfr aussi *Qu. disp. de potentia*, qu. 1, art. 1, obi. 14: «virtus a Dionysio [in lib. *de Caelesti Hierarchia*, capit. XI] ponitur media inter substantiam et operationem».

l'intérieur de la masse confuse des propriétés et des
opérations dont est faite notre première représentation
du monde, celles qui reviennent exclusivement et
toujours à tel ou tel principe. Ajoutons (…) que ces
essences nous sont presque toutes inconnues en leur
réalité véritable. Nous sommes sûrs qu'il existe des
substances, puisqu'il existe des centres constants
d'opérations et de propriétés diverses. L'essence n'est
autre chose que l'élément qualitatif ou formel qui
distingue les substances. Mais que sont ces essences?
Qu'est-ce que l'essence d'un arbre ou d'un animal?
Nous n'en savons rien[9].

Dans le *corpus thomisticum*, de nombreux textes confirment
cette interprétation du P. Geiger. L'on cite fréquemment le
petit extrait suivant, mais c'est le plus souvent sans se rendre
compte qu'il s'agit là d'un texte dont la portée est véritablement philosophique, et non seulement poétique:

> (T56) Notre connaissance est faible à tel point que nul
> philosophe n'a jamais pu examiner parfaitement la
> nature d'une seule mouche: c'est pourquoi on lit
> qu'un philosophe a passé trente ans dans la solitude
> pour connaître la nature de l'abeille[10].

Dans un langage plus technique, saint Thomas formule la
même thèse comme suit:

> (T57) Dans les choses sensibles aussi [comme dans le
> cas des anges], les différences essentielles elles-mêmes
> sont inconnues; d'où elles sont signifiées par les
> différences accidentelles qui naissent des essentielles, à

---

[9] L.-B. GEIGER O.P., *La participation dans la philosophie de S. Thomas d'Aquin* (1942), pp. 342 sq.

[10] «(…) cognitio nostra est adeo debilis quod nullus philosophus potuit unquam perfecte investigare naturam unius muscae: unde legitur, quod unus philosophus fuit triginta annis in solitudine, ut cognosceret naturam apis» (*In symbolum Apostolorum*, prologus, §864).

l'instar de la manière dont la cause est signifiée par son effet ou dont «bipède» est posé comme la différence de l'homme[11].

L'homme est une essence qui se réalise dans certaines caractéristiques extérieures, comme, par exemple, dans le fait que l'être humain marche normalement sur deux pieds. Alors l'on traite cette manifestation externe de l'essence comme si elle nous conférait une vraie compréhension de l'essence elle-même, tandis qu'à la vérité, nous ne percevons que l'effet visible d'une cause qui reste elle-même cachée et invisible, échappant à jamais à la tentative pour la définir exhaustivement et adéquatement. Les effets et accidents que l'essence produit pour devenir «visible» se mettent pour ainsi dire devant elle, constituant un écran qui nous empêche de la voir elle-même. L'essence ne peut se «dévoiler» (*entbergen*), dirait Heidegger, qu'au prix de se «voiler» (*verbergen*) en même temps[12]; la représentation de la cause dans son effet[13] entraîne, avec la présence médiate de la cause dans l'effet, l'absence de la cause en tant que telle.

---

[11] «In rebus enim sensibilibus etiam ipse differentie essentiales ignote sunt; unde significantur per differentias accidentales que ex essentialibus oriuntur, sicut causa significatur per suum effectum, sicut bipes ponitur differentia hominis» (*De ente et essentia*, cap. 5; *Ed. leon.* XLIII: 379).

[12] Pour l'idée heideggérienne d'un enchevêtrement nécessaire du «voilement» (λήθη) et du «dévoilement» (ἀλήθεια), on lira *Sein und Zeit*, §44b, ainsi que l'essai important qui s'intitule *La fin de la philosophie et la tâche de la pensée*, in *Questions IV* (1976), pp. 109-139, surtout pp. 136 sq.

[13] Cfr *S.T.* I, qu. 45, art. 7, c; *Ed. leon.* IV: 475: «omnis effectus aliqualiter repraesentat suam causam, sed diversimode». *Repraesentare* garde, dans l'usage de saint Thomas, quelques traces de son sens étymologique de «rendre présent», comme on voit, par exemple, dans *Qu. disp. de veritate*, qu. 2, art. 5, ad 5; *Ed. leon.* XXII: 63: «(...) ad cognitionem non requiritur similitudo conformitatis in natura sed similitudo repraesentationis tantum, sicut per statuam auream ducimur in memoriam alicuius hominis».

(T58) Les formes substantielles sont en elles-mêmes (*per seipsas*) inconnues; cependant, elles se font connaître à nous par leurs accidents propres. En effet, l'on dérive fréquemment les différences substantielles des accidents, qui tiennent lieu des formes substantielles, lesquelles se font connaître par de tels accidents[14].

La théologie négative de saint Thomas, dont nous avons parlé à la fin du chapitre III et selon laquelle Dieu nous est, dans son essence, inconnaissable parce qu'Il n'est pas un étant, ne se présente maintenant plus comme une exception à la structure générale de l'être. Par contre, elle constitue l'aboutissement logique d'une ontologie négative dans laquelle *toute* essence se soustrait, au fond, à la connaissance humaine. En Dieu, où l'être ne s'est pas encore différencié de l'essence, c'est-à-dire où l'être n'*est* pas encore, l'inconnaissabilité est plus radicale que dans les créatures; car dans ces dernières, l'être s'est déjà «contracté» selon les différentes essences, qui adviennent moyennant le mouvement d'extériorisation catégoriale (cfr T40). Néanmoins, le cas de Dieu et celui des créatures ne sont pas *toto coelo* différents, même si l'être divin est encore plus éloigné de l'extériorisation catégoriale que l'être des étants: de fait, et Dieu et les essences créées ne deviennent «visibles» que dans le

---

[14] «(...) formae substantiales per seipsas sunt ignotae; sed innotescunt nobis per accidentia propria. Frequenter enim differentiae substantiales ab accidentibus sumuntur, loco formarum substantialium, quae per huiusmodi accidentia innotescunt» (*Qu. disp. de spiritualibus creaturis*, qu. unica, art. 11, ad 3). Cfr également *S.T.* I^a, qu. 29, art. 1, ad 3 et *ibid.*, qu. 77, art. 1, ad 7; *Qu. disp. de veritate*, qu. 10, art. 1, c; etc. Dans la littérature secondaire, d'excellentes réflexions sur l'inconnaissabilité de l'essence selon saint Thomas se trouvent chez J. PIEPER, *Philosophia negativa* (1953), pp. 37 sq., mais aussi chez G. SÖHNGEN, *Sein und Gegenstand* (1930), p. 74 et chez B. LAKEBRINK, *Hegels dialektische Ontologie* (1955), p. 248.

«miroir» de leurs effets[15], restant eux-mêmes inconnus dans leur identité la plus profonde. C'est dans cette perspective qu'il faut lire dans la *Somme théologique* la célèbre affirmation selon laquelle

> (T59) une fois que l'on a compris de quelque chose *qu'*il est (*an sit*), il reste à chercher à découvrir *comment* il est (*quomodo sit*), pour que l'on sache de lui *ce qu'*il est (*quid sit*). Pourtant, puisque nous ne pouvons savoir de Dieu ce qu'Il est (*quid sit*), mais seulement ce qu'Il n'est pas (*quid non sit*), nous ne saurions examiner au sujet de Dieu comment Il est (*quomodo sit*), mais plutôt comment Il n'est pas (*quomodo non sit*)[16].

Comme la connaissance de toute essence, la connaissance de l'être de Dieu dépend d'un acte de «discernement»[17]: Dieu ne se montre que dans et par son «autre», c'est-à-dire dans et par ses effets extérieurs, et ceci sans pour autant coïncider avec cet autre. De la même manière que nous ne connaissons une essence que par le détour de son «contexte» (rappelons-nous l'exemple de la fenêtre au début du premier chapitre), ainsi nous n'accédons à une connaissance de Dieu qu'indirectement, moyennant les étants dans et par lesquels Il est, sans s'identifier avec eux.

---

[15] Cfr *S.T.* II[a] II[ae], qu. 180, art. 3, ad 2; *Ed. leon.* X: 427: «Videre autem aliquid per speculum est videre causam per effectum, in quo eius similitudo relucet».

[16] «Cognito de aliquo an sit, inquirendum restat quomodo sit, ut sciatur de eo quid sit. Sed quia de Deo scire non possumus quid sit, sed quid non sit; non possumus considerare de Deo quomodo sit, sed potius quomodo non sit» (*S.T.* I[a], qu. 3, prol.; *Ed. leon.* IV: 35).

[17] Cfr *In Sent.*, lib. I, dist. 3, qu. 4, art. 5, c: «Discernere est cognoscere rem per differentiam sui ab aliis».

La théorie thomiste de la signification

Or comment pouvons-nous parler des choses, et parler de Dieu, étant donné qu'en fin de compte, nous n'en savons rien, ou, du moins, rien d'essentiel? Eh bien, il n'est pas nécessaire de connaître ce dont on parle pour en parler... De toute façon, il n'est pas nécessaire de connaître son *essence*.

Pour comprendre cette idée, il nous faut considérer la distinction — d'ailleurs très «moderne» — que saint Thomas pose entre l'*origine* d'une expression linguistique et son *intention*, ou entre *diachronie* et *synchronie*: l'Aquinate lui-même parle, en effet, d'une distinction entre l'*étymologie* ou l'*a quo* d'un mot, d'une part, et sa *signification* ou son *ad quod significandum*, d'autre part[18]. Attendu que les essences des étants nous sont foncièrement cachées, les mots dont nous usons pour désigner ces mêmes étants ne peuvent évidemment pas être dérivés des essences. Ce qui sert donc de base au langage humain, ce ne sont pas les essences, mais les accidents des choses — leurs manifestations extérieures qui les mettent en rapport avec le sujet parlant. Si — selon l'exemple que le Docteur angélique fournit à plusieurs reprises dans son œuvre — la langue latine utilise le mot *lapis* pour désigner une pierre, c'est que *lapis* reflète une expérience clé que les usagers de cette langue ont faite avec des pierres, à savoir le fait que celles-ci risquent de blesser le pied quand, en marchant, on heurte celui-ci accidentelle-

---

[18] Cfr *S.T.* I, qu. 13, art. 2, ad 2 (*Ed. leon.* IV: 142), pour la distinction entre *a quo imponitur nomen* et ad *quod significandum*; *Qu. disp. de potentia*, qu. 9, art. 3, ad 1, pour un texte qui explique la même théorie en termes à la fois d'*a quo imponitur/ad quod significandum* et *etymologia/significatio*. Cfr également *Qu. disp. de veritate*, qu. 4, art. 1, ad 8 (*Ed. leon.* XXII: 121 sq.) et H. LYTTKENS, *The Analogy between God and the World* (1953), p. 386.

ment contre elles. Car, selon Thomas, *lapis* représenterait, du point de vue étymologique, une forme contractée de *quod laedit pedem*, «ce qui blesse le pied». Peu importe que cette explication des origines du mot *lapis* soit fausse[19] — on comprend l'idée que l'Aquinate entend illustrer par cet exemple. En dépit de ses origines dans une expérience qui ne manifeste qu'une propriété tout à fait accidentelle des pierres (une propriété, en plus, qu'elles partagent avec bien d'autres objets), le mot *lapis* nous sert pour nommer la pierre en tant que telle. Ce que le mot *lapis* vise par sa signification — la pierre en tant que pierre, c'est-à-dire l'essence de pierre — va bien au-delà de ce qu'il exprime étymologiquement. L'essence de la langue, c'est qu'elle nous sert «pour signifier *tout autre chose* que ce qu'elle dit»[20] :

> (T60) Il faut considérer deux choses dans un nom, à savoir ce qui est signifié par le nom qu'on donne (*illud ad quod significandum nomen imponitur*), et la chose d'où la signification du nom qu'on donne est tirée (*illud a quo imponitur ad significandum*). Le nom pour signifier quelque chose, on le tire souvent, en effet, de quelque chose d'accidentel ou d'un acte ou encore d'un effet de cette chose; cependant, ces derniers ne sont pas en premier lieu signifiés par ce nom, mais plutôt la substance même de la chose ou sa nature. Par exemple, le nom *lapis* [«pierre»] est dérivé de la blessure du pied (*laesione pedis*), blessure que pourtant il ne signifie pas, signifiant plutôt le corps particulier dans lequel cet accident se trouve souvent. C'est pourquoi la blessure du pied relève plus de

---

[19] Les linguistes parleraient d'un «pseudo-acronyme».
[20] J. LACAN, *Écrits* (1966), p. 505. Pour un excellent commentaire de ce passage, cfr Ph. LACOUE-LABARTHE/J.-L. NANCY, *Le titre de la lettre* (1990), pp. 89-94.

l'étymologie du nom *lapis*, qu'elle ne relève de sa
signification[21].

L'essence, en elle-même inconnue, s'extériorise dans un
accident ou un effet qui peut servir de base à la formation
d'un mot désignant cette essence, c'est-à-dire d'un mot qui
renvoie à ce qui reste pourtant en soi caché. La structure de
la signification est parfaitement circulaire. (Voir schéma p.
suivante.)

La nécessité d'une saisie immédiate des essences

La circularité de la connaissance et de la signification
humaines pose un problème — le même problème, en effet,
que nous avons constaté dans le conditionnement mutuel
de l'opération de l'étant et de son identité (voir chapitre I,
p. 64). À la vérité, les structures ontologiques que nous
avons analysées au début de ce travail s'avèrent maintenant
être des structures qui sont liées à la connaissance humaine
de l'être: car, même en ontologie, nous parlons toujours de
l'«être-pour-nous», et non point d'un quelconque «être-en-
soi», qui *nous* (!) serait accessible comme il est «en lui-
même», c'est-à-dire abstraction faite de notre manière de
l'aborder:

---

[21] «(…) in nomine aliquo est duo considerare: scilicet, illud *ad quod*
significandum nomen imponitur, et illud *a quo* imponitur ad significandum. Frequenter enim imponitur nomen aliquod ad significandum rem
aliquam, ab aliquo accidentale aut actu aut effectu illius rei; quae tamen
non sunt principaliter significata per illud nomen, sed potius ipsa rei substantia, vel natura; sicut hoc nomen *lapis* sumitur a laesione pedis, quam
tamen non significat, sed potius corpus quoddam in quo tale accidens frequenter invenitur. Unde laesio pedis magis pertinet ad etymologiam huius
nominis *lapis*, quam ad eius significationem» (*Qu. disp. de potentia*, qu. 9,
art. 4, ad 1).

se manifeste dans un effet/accident

essence de la
pierre:
X

*quod laedit pedem
= lapis*

d quod/signification

a quo/étymologie

renvoie à

(T8) Chaque chose est reçue dans une autre selon le mode de ce qui la reçoit. Car il est clair que les conceptions dans l'esprit du savant sont immatérielles, tandis que [les choses dont elles sont les conceptions] sont matérielles dans la nature[22].

Quoi qu'il en soit de rapports entre l'ontologie et l'épistémologie, le problème auquel nous venons de faire allusion est le suivant: comment est-il possible de connaître les accidents qui ressortissent à une essence particulière sans, en même temps, connaître l'essence elle-même? Autrement dit, en termes ontologiques, si toute *sortie* de soi doit être une sortie de *soi*, on ne saurait isoler l'extériorisation de l'essence de son identité foncière. Cette aporie, saint Thomas l'indique dans son commentaire sur le traité *De l'âme*:

(T61) Puisque les principes essentiels des choses nous sont inconnus, il est nécessaire que nous nous servions des différences accidentelles pour désigner les essentielles (car «bipède» n'est pas essentiel, mais est employé pour la désignation de ce qui est essentiel), et que, par ces différences accidentelles, nous parvenions à la connaissance des essentielles. Ce qui est difficile, parce qu'il nous faut connaître le «ce que quelque chose est» (*quod quid est*) de l'âme pour connaître plus facilement les accidents de l'âme[23].

---

[22] «(…) unumquodque recipitur in altero per modum recipientis: patet enim quod conceptiones in mente doctoris sunt immaterialiter, et materialiter in natura» (*Qu. disp. de potentia*, qu. 7, art. 10, ad 10).

[23] «(…) set quia principia essencialia rerum sunt nobis ignota, ideo oportet quod utamur differenciis accidentalibus in designatione essencialium (bipes enim non est essenciale, set ponitur in designatione essencialis), et ut per ea, scilicet per differencias accidentales, peruenismus in cognitionem essencialium. Et ideo difficile est, quia oportet nos *cognoscere quod quid est* anime *ad cognoscendum* facilius accidencia anime: (…)» (*Sentencia libri De anima*, lib. I, cap. 1; *Ed. leon*. XLV, 1: 7).

Comment discerner les accidents et effets de l'âme (ou de la pierre, pour revenir à notre exemple précédent) dans la masse des accidents et effets qui nous entourent et que nous ne cessons de percevoir, si l'essence à laquelle ces manifestations extérieures se rapportent ne nous était pas déjà, d'une certaine manière, connue?

La réponse à cette question pourrait être formulée comme suit. De la même façon que l'être foncier des étants doit être présent «sur le mode de l'absence» en eux pour qu'une sortie de soi soit possible (voir chapitre II, pp. 76 sqq.), ainsi la connaissance des effets et accidents de l'essence présuppose une «présence absente» de cette dernière à l'esprit, c'est-à-dire une saisie implicite. Dans ce contexte, le thomiste allemand Gottlieb Söhngen parlait très justement d'un *Wesensapriori* dans la pensée de saint Thomas d'Aquin: le *Wesen*, l'essence d'une chose, ne peut pas nous être révélé dans et par les seuls accidents de cette chose, mais doit «précéder» sa révélation accidentelle, sans pour autant rendre celle-ci superflue[24]. C'est la raison pour laquelle le Docteur angélique peut écrire, dans le *Commentaire sur les Sentences*, que l'homme est doué d'une saisie immédiate de soi et de Dieu, même si, à proprement parler, il ne saurait «penser» ni l'un ni l'autre:

(T62) Selon Augustin, il y a une différence entre penser (*cogitare*), discerner (*discernere*) et saisir intellectuellement (*intelligere*). Discerner, c'est connaître (*cognoscere*) une chose par sa différence avec d'autres. Penser, en revanche, c'est considérer une chose selon ses parties et propriétés: c'est pourquoi *cogitare* se dit comme *coagitare* [rassembler]. D'autre part, *intelligere* ne dit rien d'autre que le simple regard

---

[24] Cfr G. SÖHNGEN, *Sein und Gegenstand* (1930), surtout pp. IV, 165-168, 208-210 et 223-225.

(*simplicem intuitum*) de l'intellect sur ce qui lui est
présent d'intelligible (*praesens intelligibile*). Je dis alors
que l'âme ne pense et ne discerne pas toujours Dieu,
ni soi-même, puisque de la sorte le premier venu
connaîtrait naturellement toute la nature de son âme
— ce qui est quelque chose où l'on n'arrive guère
même par un grand effort: car pour une telle
connaissance, la présence d'une chose de n'importe
quelle manière ne suffit pas; par contre, il faut qu'elle
soit là comme objet (*in ratione objecti*), et l'intention
du sujet connaissant (*intentio cognoscentis*) est requise.
Cependant, en tant qu'*intelligere* ne dit rien d'autre
qu'un regard (*intuitum*), qui, lui, n'est rien d'autre que
la présence (*praesentia*) de l'intelligible à l'intellect de
n'importe quelle manière, ainsi l'âme se saisit toujours
intellectuellement (*intelligit*) elle-même ainsi que Dieu
de façon indéterminée, et il s'ensuit un certain amour
indéterminé[25].

L'acte de penser un étant se caractérise, selon ce texte, par
deux éléments principaux. D'abord, la pensée est indissociable d'un mouvement discursif qui tente de saisir les
étants à travers la diversité de leurs «parties et propriétés»,

---

[25] «(...) secundum Augustinum (de util. credendi, cap. 11) differunt cogitare, discernere et intelligere. Discernere est cognoscere rem per differentiam sui ab aliis. Cogitare autem est considerare rem secundum partes et
proprietates suas: unde cogitare dicitur quasi coagitare. Intelligere autem
dicit nihil aliud quam simplicem intuitum intellectus in id quod sibi est
praesens intelligibile. Dico ergo, quod anima non semper cogitat et dis-
cernit de Deo, nec de se, quia sic quilibet sciret naturaliter totam naturam
animae suae, ad quod vix magno studio pervenitur: ad talem enim cognitionem non sufficit praesentia rei quolibet modo; sed oportet ut sit ibi in
ratione objecti, et exigitur intentio cognoscentis. Sed secundum quod
intelligere nihil aliud dicit quam intuitum, qui nihil aliud est quam praesentia intelligibilis ad intellectum quocumque modo, sic anima semper
intelligit se et Deum indeterminate, et consequitur quidam amor indeterminatus (*In Sent.*, lib. I, dist. 3, qu. 4, art. 5, c).

dans le but de «rassembler» cette diversité dans l'unité d'un concept. La pensée se réalise, ensuite, dans la distance entre un sujet et un objet explicitement constitués comme tels: dans la pensée, l'objectivité de l'étant se double de l'intentionnalité du sujet. Il en va tout autrement de la saisie intellectuelle, qui est — saint Thomas le souligne deux fois dans notre texte — une simple présence de l'étant à l'intellect. Cette présence se distingue de la représentation de l'essence moyennant ses «parties et propriétés» par son immédiateté, mais aussi par son indétermination. C'est de cette manière immédiate et indéterminée que l'homme est toujours déjà en présence de lui-même, c'est-à-dire de ce qu'il est en soi, et en présence de Dieu.

En fait, dans d'autres textes, plus tardifs que le *Commentaire sur les Sentences* d'où l'extrait n° 62 est tiré, saint Thomas nuance légèrement sa position. Il y évite, en effet, de parler d'une saisie immédiate de Dieu en tant que tel et défend plutôt une théorie d'après laquelle la saisie intellectuelle porterait, non pas immédiatement sur Dieu, mais sur les essences et les «premiers principes» des étants[26]. *Prima facie*, cette nouvelle position semble revenir au même point que la théorie primitive, étant donné que l'en-soi des essences, qui est l'«objet» de la saisie intellectuelle, existe en Dieu. Cependant, il y a une différence cruciale entre le fait de dire que Dieu Lui-même nous est donné immédiatement, et une position selon laquelle nous saisissons intellectuellement Dieu à travers les essences dont la *veritas rei* est située dans le Verbe. D'après la première théorie[27] nous avons un accès immédiat à Dieu en tant que tel, d'après la

---

[26] Cfr *Qu. disp. de veritate*, qu. I, art. 12, c.

[27] Sous le nom d'«ontologisme», cette théorie connut une vigoureuse renaissance au siècle dernier, mais fut censurée par la *Suprema Sacra Congregatio S. Officii* en 1861. Pour un bref résumé de l'ontologisme, cfr G.C. UBAGHS, *Essai d'idéologie ontologique* (1860).

seconde nous avons un accès immédiat à Dieu en tant qu'Il s'est fait être dans et par les essences. L'en-soi de Dieu, par contre, nous reste caché, même pour l'intellect. Autre conséquence de la seconde théorie: l'ordre prédicamental garde une relative consistance par rapport à l'ordre transcendant car, en un premier temps, la connaissance humaine se laisse expliquer sans référence directe à Dieu, de la même manière d'ailleurs dont, en ontologie, l'étant est dit chercher *son essence* en cherchant Dieu (cfr T33^bis et T34).

Avec les essences, la saisie intellectuelle nous donne accès aux «premiers principes» des étants:

> (T63) On dit proprement de nous que nous
> «saisissons intellectuellement» (*intelligere*) lorsque nous
> appréhendons la quiddité d'une chose, ou lorsque
> nous saisissons ce qui est connu de l'intellect dès que
> les quiddités des choses lui sont connues, comme le
> sont les premiers principes[28].

Quelle est la portée de ces «premiers principes»? Comme exemples, saint Thomas cite parfois des axiomes tels que «Il est impossible d'affirmer et de nier en même temps une même chose» ou «Le tout est plus grand qu'une de ses parties»[29]. En effet, le fait que la saisie intellectuelle des essences s'accompagne en même temps — *gleichursprünglich* — d'une saisie des premiers principes signifie que, même dans leur en-soi, les essences ne nous sont pas données sans structure et sans rapports[30]. En d'autres termes, l'intellect

---

[28] «(...) dicimur proprie intelligere cum apprehendimus quidditatem rerum, vel cum intelligimus illa quae statim nota sunt intellectui notis rerum quidditatibus, sicut sunt prima principia (...)» (*Qu. disp. de veritate*, qu. 1, art. 12, c; *Ed. leon.* XXII: 35).

[29] Cfr, par exemple, *S.T.* I^aII^ae, qu. 94, art. 2, c et II^aII^ae, qu. 1, art. 7, c.

[30] Comment des rapports sont possibles qui ne portent pas atteinte à l'en-soi des *relata* qui y sont mis en rapport est une question qui sera discutée dans la conclusion, consacrée à la théologie trinitaire de saint Thomas.

est doué d'une saisie immédiate, non pas de quelques essences isolées, mais plutôt de la structure de l'être de l'étant. Maintenant, pour ainsi dire rétrospectivement, nous comprenons beaucoup mieux le texte n° 4, dans lequel saint Thomas parlait d'une appréhension de l'être (*ens*), qui serait une caractéristique inaliénable de l'humanité même. Notons que cette appréhension est dite porter sur l'être de l'étant (*ens*), et non pas sur l'être en tant que tel, c'est-à-dire l'être encore indifférencié (*esse*).

La raison comme intellect «ombragé»

Au début de la section précédente, nous avons essayé d'élucider les raisons qui expliquent, dans le «système» thomiste, la nécessité d'une appréhension immédiate — bien qu'aussi «indéterminée» — des essences. Il nous faut maintenant comprendre pourquoi cette appréhension ou saisie intellectuelle ne constitue, à vrai dire, aucune connaissance — autrement dit, pourquoi le seul «regard» (*intuitus*) de l'intellect s'avère insuffisant si l'homme veut vraiment «penser» (*cogitare*) et «discerner» (*discernere*) une chose.

Dans l'être humain, l'intellect est «ombragé» (*obumbratus*) par la raison, et c'est pourquoi, dans le monde humain, le seul *intuitus* intellectuel ne suffit pas pour une connaissance proprement dite des choses:

(T64) «Rationnel» se dit de deux manières. Parfois, en effet, on le prend dans son sens strict et propre (*sumitur stricte et proprie*), en tant que «raison» désigne une certaine mise à l'ombre (*quamdam obumbrationem*) de la nature intellectuelle. C'est en ce sens qu'Isaac[31] dit que la raison naît à l'ombre de

[31] C'est-à-dire Isaac Israeli (env. 845-940), philosophe juif écrivant en arabe, auteur d'un célèbre ouvrage intitulé *De definitionibus*, que Gérard de Crémone traduisit en latin et que saint Thomas cite ici.

l'intelligence. Ceci devient évident par le fait que la vérité ne lui est pas donnée tout de suite, mais qu'elle la trouve discursivement, par une recherche. En ce sens, «rationnel» est une différence de ce qui est animé, et n'appartient ni à Dieu ni aux anges[32].

Dans l'être humain, la vérité qui se manifeste immédiatement dans l'intellect est obscurcie par une couche de raison, laquelle fait en sorte que la vérité ainsi «réprimée» devient l'objet d'une longue et pénible recherche. Mais, comme nous l'avons vu, la vérité réprimée ne disparaît pas sans trace. Sans elle, la raison ne pourrait «penser» aucune essence. L'intellect reste alors sur le mode de l'absence présent à la raison, si bien que cette dernière n'est pas autre chose que l'intellect lui-même sous la forme de la discursivité[33]. L'intellect fournit à la raison une intuition de l'unité

---

[32] «(…) rationale dupliciter dicitur. Quandoque enim sumitur stricte et proprie, secundum quod ratio dicit quamdam obumbrationem intellectualis naturae, ut dicit Isaac quod ratio oritur in umbra intelligentiae. Quod patet ex hoc quod statim non offertur sibi veritas, sed per inquisitionem discurrendo invenit; et sic rationale est differentia animalis, et Deo non convenit nec angelis. Quandoque sumitur (…)» (*In Sent.*, lib. I, dist. 25, qu. 1, art. 1, ad 4). D'autres textes qui vont dans le même sens se trouvent *ibid.*, lib. I, dist. 45, qu. 1, art. 1, obi. 4; lib. II, dist. 3, qu. 1, art. 2, c; mais cfr surtout *ibid.*, lib. III, dist. 35, qu. 2, art. 2, quaestiuncula 2, obi. 1: «Intellectus enim importat quamdam cognitionem sine obumbratione: unde Isaac dicit, quod ubi obumbratur intellectus, oritur ratio. Sed impossibile est quod in statu viae cognoscamus sine obumbratione phantasmatum, ut Philosophus ostendit in 3 de Anima (text. 39).»
[33] Cfr *Sentencia libri De anima*, lib. III, cap. 8; *Ed. leon.* XLV, 1: 243: «(…) ratio et intellectus non sunt diuerse partes anime, set ipse intellectus noster dicitur ratio inquantum per inquisitionem quandam peruenit ad cognoscendum intelligibilem ueritatem» . Cfr aussi *S. T.* I[a], qu. 79, art. 8: «Utrum ratio sit alia potentia ab intellectu». Les rapports entre l'intellect et la raison selon saint Thomas sont très bien analysés dans l'ouvrage du P. J.-B. LOTZ S.J., *Martin Heidegger und Thomas von Aquin* (1975), surtout pp. 234-246.

structurelle de l'être, intuition sans laquelle la raison serait perdue dans la multiplicité des données sensibles qui se présentent à elle sous la forme des effets et accidents des essences. De la sorte, toute rationalité s'élève sur un fond d'intellectualité; et, qui plus est, toute rationalité vise le retour à la simplicité du regard intellectuel, car le but de la raison est l'unité de la vérité[34], comme nous le savons depuis l'Introduction[35] — unité qui, pourtant, lui échappera à jamais...

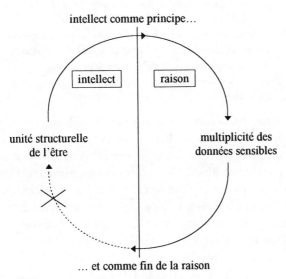

intellect comme principe...

intellect

raison

unité structurelle
de l'être

multiplicité des
données sensibles

... et comme fin de la raison

<hr />

[34] Cfr *In De trin.*, qu. 6, art. 1, sol. 3, c; *Ed. leon.* L: 162: «Sic ergo patet quod rationalis consideratio ad intellectualem terminatur secundum uiam resolutionis, in quantum ratio ex multis colligit unam et simplicem ueritatem; et rursum intellectualis consideratio est principium rationalis secundum uiam compositionis uel inuentionis, in quantum intellectus in uno multitudinem compreendit.» Cfr aussi *S.T.* Iª, qu. 79, art. 8, c; *ibid.* Iª, qu. 79, art. 9, c; *ibid.* IIªIIᵃᵉ, qu. 8, art. 1, ad 2.

[35] Cfr surtout la section intitulée «La voie: un effort "collectif" ("collectio")».

«Dieu parle en nous»

(T65) La certitude de la connaissance naît tout entière de la certitude des principes: en effet, on connaît des conclusions avec certitude au moment où on les ramène (*resolvuntur*) aux principes. C'est pourquoi ce que quelqu'un connaît avec certitude est dû à la lumière de la raison, lumière qui est mise en nous intérieurement par Dieu (*ex lumine rationis divinitus interius indito*) et par laquelle Dieu parle en nous; par contre, cela n'est pas dû à un homme qui enseigne extérieurement, sauf dans la mesure où celui-ci, en nous enseignant, ramène les conclusions aux principes. Pourtant, de cela nous n'obtiendrions pas la certitude de la connaissance si la certitude des principes, auxquels les conclusions sont ramenées, n'était pas déjà en nous[36].

Aucune connaissance ne nous serait possible si nous ne possédions pas toujours déjà la connaissance des «premiers principes». Or ceux-ci sont — nous l'avons découvert dans la section précédente — l'«objet» (non explicite) de l'intuition immédiate de l'intellect. Dans le présent extrait, saint Thomas utilise une terminologie un peu différente, en attribuant cette intuition à ce qu'il qualifie maintenant de «lumière de la raison». Dans et par cette lumière, Dieu parle en nous, dit-il.

Dieu parle en nous dans l'intellect, lequel, dans l'être humain, s'est toujours déjà fait raison. C'est pourquoi nous

---

[36] «(…) certitudo scientiae tota oritur ex certitudine principiorum: tunc enim conclusiones per certitudinem sciuntur quando resolvuntur in principia; et ideo hoc quod aliquid per certitudinem sciatur, est ex lumine rationis divinitus interius indito quo in nobis loquitur Deus, non autem ab homine exterius docente nisi quatenus conclusiones in principia resolvit nos docens, ex quo tamen nos certitudinem scientiae non acciperemus nisi inesset nobis certitudo principiorum in quae conclusiones resolvuntur» (*Qu. disp. de veritate*, qu. II, art. I, ad 13; *Ed. leon.* XXII: 353).

n'entendons pas Dieu dans nos activités rationnelles, bien qu'Il soit toujours là — oublié, «réprimé» même. À travers notre intuition intellectuelle des essences et des principes qui régissent leurs rapports — bref, à travers notre intuition intellectuelle de l'unité de l'être —, Dieu nous parle, mais sa voix est à peine audible dans le brouillage qui est produit par la multiplicité des effets et des accidents qui font l'objet propre de la raison. Ainsi les efforts intellectuels et spirituels de l'homme n'ont-ils pas d'autre fin que le souvenir, la fin de se souvenir du Dieu «absentement» présent dans l'intellect[37].

Paradoxalement, pour être les «animaux rationnels» que nous sommes, nous avons dû pour ainsi dire réprimer ce souvenir; nous avons dû refouler la vérité de l'intellect. Car, sans le (dé)voilement de l'intellect dans la raison, ou l'obscurcissement de l'intellect par la raison, nous ne serions pas

---

[37] À la vérité, ce que saint Thomas d'Aquin tente de penser sous le nom d'«intellect» présente d'importants parallèles avec le concept freudien d'inconscient, surtout lorsque l'on comprend ce dernier selon l'interprétation que lui a donnée Jacques Lacan et selon laquelle il n'est plus conçu comme infra-rationnel. Chez Lacan aussi, la vérité doit tout d'abord être comprise comme la vérité de l'inconscient. Dans le discours rationnel et conscient, la vérité de l'inconscient reste présente sur le mode de l'absence, c'est-à-dire qu'elle régit ce discours tout en y étant réprimée dans son «en-soi». C'est pourquoi toute rationalité doit, en dernière analyse, être qualifiée d'«imaginaire». Le but de la psychanalyse est de surmonter les «paroles vides» de l'imaginaire, en affrontant la vérité inconsciente, c'est-à-dire en se souvenant d'elle. Dans ce contexte, l'on comprend l'affirmation de L.L. Whyte, qui disait qu'«aujourd'hui *la foi* (…) *implique la foi en l'inconscient*. S'il y a un dieu, c'est là qu'il doit parler» («today *faith, if it bears any relation to the natural world, implies faith in the unconscious.* If there is a God, he must speak there»; voir *The Unconscious before Freud* [1979], pp. 9 sq.). C'est d'ailleurs Lacan lui-même qui déclare, dans un passage remarquable de son séminaire XI sur *Les quatre concepts fondamentaux de la psychanalyse* (1973), que «*Dieu est inconscient*» (p. 58).

les êtres rationnels que nous sommes: nous ne serions pas des êtres humains; nous ne serions pas. Il semble que la rationalité, qui nous fait être humains, implique comme telle un brouillage de la voix divine qui parle en nous. La rationalité serait-elle alors comme telle un péché? C'est la question à laquelle nous tenterons de répondre dans le prochain chapitre.

CHAPITRE VI

SICUT INTELLECTUS, ITA VOLUNTAS.
LE PARALLÉLISME ENTRE L'ORDRE THÉORIQUE
ET L'ORDRE PRATIQUE

Au cœur de la liberté : la nécessité

Sicut intellectus, ita voluntas — «telles les choses sont dans l'ordre de l'intellect, telles elles sont aussi dans l'ordre de la volonté»: c'est une phrase qui, sous une forme ou sous une autre, intervient très souvent sous la plume de saint Thomas[1]. Par là, le Docteur angélique veut dire que la structure du vouloir humain reflète celle de la connaissance, ou

---

[1] Cfr, par exemple, *S.T.* Iª, qu. 64, art. 2, c; *Ed. leon.* V: 141: «(...) vis appetitiva in omnibus proportionatur apprehensivae a qua movetur»; *ibid.*, qu. 82, art. 1, c; *Ed. leon.* V: 293: «(...) sicut intellectus ex necessitate inhaeret primis principiis, ita voluntas ex necessitate inhaereat ultimo fini»; *ibid.*, art. 2, c; *Ed. leon.* V: 296: «(...) sicut intellectus naturaliter et ex necessitate inhaeret primis principiis, ita voluntas ultimo fini»; *ibid.*, qu. 83, art. 4, c; *Ed. leon.* V: 311: «(...) potentias appetitivas oportet esse proportionatas potentiis apprehensivis»; cfr aussi *In Sent.*, lib. III, dist. 33, qu. 2, art. 4, sol. 4; etc. — Au seuil de ce chapitre, indiquons que nos réflexions sur la philosophie morale de saint Thomas ont trouvé beaucoup de lumière dans un cours de Mgr A. Léonard que nous avons suivi à Louvain-la-Neuve en 1991 et qui portait sur «La métaphysique de la volonté et de la liberté dans la *Somme théologique* de saint Thomas d'Aquin». Que nos propres idées vont toutefois s'éloigner quelque peu de celles de Léonard, montre que la liberté ne contredit pas, mais présuppose l'enracinement dans un fond d'altérité...

que l'ordre pratique se laisse analyser à l'instar de l'ordre théorique. Cette conviction qu'il y a correspondance et parallélisme entre la *praxis* et la *théoria* découle immédiatement de la définition même que l'Aquinate donne de la volonté humaine. «L'acte de la volonté, écrit-il dans la *Somme théologique,* n'est rien d'autre qu'un certain mouvement affectif (*inclinatio*) qui s'ensuit d'une forme connue» [2] — autrement dit, la volonté ne peut désirer que ce qu'elle *connaît*, et pour cette raison elle reste rattachée à la connaissance.

Dans le présent chapitre, nous verrons dès lors comment, de la même manière que toute rationalité s'élève sur le fond d'une saisie non rationnelle de l'être, ainsi le libre arbitre — c'est-à-dire la *vis electiva*, la faculté de choisir — est basé sur une volonté nécessaire et inéluctable, qui se soustrait à tout choix. Dans le champ de la morale aussi, comme dans celui de l'ontologie et de l'épistémologie, l'«autre» ne se laisse pas isoler de l'identité du même; tout au contraire, il détermine celle-ci de l'intérieur: la liberté est intrinsèquement liée à une nécessité qui la limite. Nous verrons également comment, de la même manière que la raison reste toujours en deçà de la vérité de l'intellect, ainsi le libre arbitre ne réalise jamais qu'imparfaitement la fin absolue à laquelle adhère la volonté. Bref, nous verrons comment, de la même manière que l'intellect à la fois se donne et se retire, à la fois se dévoile et se voile dans la raison, ainsi le désir absolu de la volonté se (dé)voile dans le libre arbitre [3].

---

[2] «(…) actus voluntatis nihil aliud est quam inclinatio quaedam consequens formam intellectam» (*S.T.* I³, qu. 87, art. 4, c; *Ed. leon.* V: 363); cfr aussi *ibid.*, qu. 59, art. 1, c.

[3] Pour les rapports entre volonté et libre arbitre, cfr *S.T.* I³, qu. 83, art. 4, c.

La structure syllogistique de l'éthique

Commençons notre analyse par une discussion d'un beau texte extrait du *Commentaire sur les Sentences*, qui dessine pour ainsi dire la topographie du domaine éthique, en situant les uns par rapport aux autres trois des concepts clés de la philosophie morale: loi naturelle, conscience et «syndérèse».

(T66) Comme dit le Philosophe dans le livre VI de l'*Éthique*, il faut savoir que la raison use de certains syllogismes dans le domaine des choses qui sont dignes d'être cherchées ou qui doivent être évitées (*in eligendis et fugiendis*). Or, dans le syllogisme, il y a trois éléments à considérer, selon les trois propositions, dont la troisième est conclue des deux premières. C'est aussi de cette façon que les choses se présentent dans le cas présent, où la raison, dans le domaine pratique, pose un jugement sur des choses particulières à partir de principes universels. Et puisque les principes universels de la loi relèvent de la syndérèse, et que, d'autre part, les termes qui sont plus adaptés à l'acte relèvent des habitus par lesquels la raison supérieure et la raison inférieure se distinguent, la syndérèse fournit dans ce syllogisme ce qu'on pourrait appeler la majeure, dont la considération appartient à la syndérèse; d'autre part, la raison supérieure ou inférieure fournit la mineure (et la considération de cette dernière constitue son acte); finalement, la considération de la conclusion obtenue relève de la conscience. Par exemple: la syndérèse pose cette majeure: tout mal est à éviter; la raison supérieure pose cette mineure: l'adultère est un mal, parce qu'il est interdit par la loi de Dieu — ou la raison inférieure poserait la mineure, puisque l'adultère se présente à elle comme un mal, parce qu'il est injuste ou malhonnête —; mais la conclusion (qui est celle-ci: cet adultère-ci doit être évité) ressortit à la conscience, et ceci d'une façon indifférente, qu'elle porte sur le

présent, le passé ou le futur. Car la conscience à la fois
répète ce qui a été fait et s'oppose à ce qui est à faire.
C'est pourquoi elle est appelée *conscientia*, comme si
on disait *cum alio scientia* [«connaissance avec quelque
chose d'autre»], parce que la connaissance universelle
est appliquée à un acte particulier, ou aussi parce que,
par elle, quelqu'un est conscient de ce qu'il a fait ou
de ce qu'il entend faire. C'est pourquoi elle est aussi
appelée avis ou directive de la raison (*sententia, vel
dictamen rationis*), et c'est pourquoi il arrive aussi que
la conscience se trompe, non pas à cause d'une erreur
de la syndérèse, mais à cause d'une erreur de la raison.
C'est le cas, par exemple, chez l'hérétique, auquel la
conscience commande de se faire plutôt brûler que de
jurer, parce que sa raison supérieure s'est pervertie, en
ce qu'elle croit que le serment est absolument interdit.
De cette façon, on voit clairement comment la
syndérèse, la loi naturelle et la conscience se
distinguent: en effet, la loi naturelle signifie les
principes universels mêmes de la loi; la syndérèse, par
contre, signifie la possession (*habitus*) de ces derniers,
ou une puissance s'accompagnant de la possession;
finalement, la conscience signifie l'acte d'appliquer la
loi naturelle à quelque chose qui est à faire, et ceci à la
manière d'une sorte de conclusion[4].

---

[4] «Sciendum est igitur, quod, sicut (in 6 Ethic. cap. 8) Philosophus dicit,
ratio in eligendis et fugiendis, quibusdam syllogismis utitur. In syllogismo
autem est triplex consideratio, secundum tres propositiones, ex quarum
duabus tertia concluditur. Ita etiam contingit in proposito, dum ratio in
operandis ex universalibus principiis circa particularia judicium assumit.
Et quia universalia principia juris ad synderesim pertinent, rationes autem
magis appropriatae ad opus, pertinent ad habitus, quibus ratio superior et
inferior distinguuntur; synderesis in hoc syllogismo quasi majorem ministrat, cujus consideratio est actus synderesis; sed minorem ministrat ratio
superior vel inferior, et ejus consideratio est ipsius actus; sed consideratio
conclusionis elicitae, est consideratio conscientiae. Verbi gratia, synderesis
hanc proponit: Omne malum est vitandum: ratio superior hanc assumit:

Saint Thomas s'aligne ici sur la position aristotélicienne, selon laquelle les décisions morales de l'homme revêtent une structure syllogistique. C'est-à-dire que, pour paraître désirable ou non à la volonté, toute action doit être envisagée comme une instance particulière de certains «principes universels», qui sont acceptés par le sujet comme étant absolument valables et qui, dès lors, guident son agir. Une action particulière n'est perçue comme étant moralement bonne ou mauvaise, désirable ou répugnante, qu'à la lumière de quelques idées très générales (comme, par exemple, celle que «tout mal est à éviter») et en tant qu'elle est subsumée sous ces idées. Évidemment, c'est justement dans cet acte de subsomption que gît le problème de la moralité: car la question est de savoir ce qu'est le mal et ce qu'est le bien dans tel ou tel cas précis. Par exemple, si le principe «tout mal est à éviter» va encore de soi, l'affirmation «l'adultère est un mal» sera déjà contestée par nombre de gens. Et l'on voit que la décision morale se situe au

Adulterium est malum, quia lege Dei prohibitum: sive ratio inferior assumeret illam, quia ei est malum, quia injustum, sive inhonestum: conclusio autem, quae est, adulterium hoc esse vitandum, ad conscientiam pertinet, et indifferenter, sive sit de praesenti vel de praeterito vel de futuro: quia conscientia et factis remurmurat, et faciendis contradicit: et inde dicitur conscientia, quasi cum alio scientia, quia scientia universalis ad actum particularem applicatur: vel etiam quia per eam aliquis sibi conscius est eorum quae fecit, vel facere intendit: et propter hoc etiam dicitur sententia, vel dictamen rationis: et propter hoc etiam contingit conscientiam errare, non propter synderesis errorem, sed propter errorem rationis; sicut patet in haeretico, cui dictat conscientia quod prius permittat se comburi quam juret: quia ratio superior perversa est in hoc quod credit, juramentum simpliciter esse prohibitum. Et secundum hunc modum patet, qualiter differant synderesis, lex naturalis, et conscientia: quia lex naturalis nominat ipsa universalia principia juris, synderesis vero nominat habitum eorum, seu potentiam cum habitu; conscientia vero nominat applicationem quamdam legis naturalis ad aliquid faciendum per modum conclusionis cujusdam» (*In Sent.*, lib. II, dist. 24, qu. 2, art. 4, c).

niveau de la mineure du syllogisme; c'est là que telle ou telle action particulière est associée avec un des principes moraux qui sont reconnus comme absolument vrais.

La syndérèse et le premier principe de la morale: «bonum est faciendum»

Parlons de ces «principes universels de la loi» (*universalia principia juris*). De quoi s'agit-il précisément? Dans le texte nº 66, saint Thomas nous fournit l'exemple déjà évoqué: «tout mal est à éviter». Au vrai, ce n'est pas là un exemple quelconque. Car «tout mal est à éviter» dit négativement que «le bien mérite d'être fait», *bonum est faciendum*, qui constitue, d'après un autre texte, «le premier précepte de la loi» (*primum praeceptum legis*)[5]. C'est sur ce précepte que se fonde tout agir humain et, dès lors, toute éthique. «Précepte» (*praeceptum*) n'est d'ailleurs pas le meilleur terme pour désigner *bonum est faciendum*, qui n'est pas, à vrai dire, un «commandement», mais plutôt ce que nous, post-kantiens, appellerions la «condition de possibilité» de tout agir. Quoi qu'un homme fasse, que cela soit objectivement un acte de sainteté ou le pire des crimes, il le fait toujours *in ratione boni*, comme le formule saint Thomas: «sous l'angle du bien»[6]. Si le meurtrier tue quelqu'un, c'est que cet acte lui paraît (perversement, bien entendu) comme un bien. Que *bonum est faciendum*, nous le «savons» toujours déjà et ne saurions le mettre en doute, pas plus que nous ne pouvons douter de la présence de l'être (cfr T4). La «syndérèse», c'est-à-dire la «possession» (*habitus*) du principe *bonum est faciendum* et de quelques autres préceptes qui en découlent immédiatement, correspond, dès lors, à ce que nous avons rencontré, en épistémologie, sous le nom

---

[5] *S.T.* Iᵃ IIᵃᵉ, qu. 94, art. 2, c; *Ed. leon.* VII: 170.
[6] *S.T.* Iᵃ IIᵃᵉ, qu. 8, art. 1, c; *Ed. leon.* VI: 68.

d'*intellectus*: la syndérèse est la raison humaine opérant dans le domaine pratique, en tant qu'elle «a» les premiers principes de ce domaine d'une manière absolument indubitable et infaillible (le mot latin *habitus* ne désigne rien d'autre, en effet, que cet «avoir»)[7].

Creusons davantage la question de savoir quel est le «bien» qui mérite d'être poursuivi par tout être humain — et, en plus, qui *est* effectivement poursuivi par tout être humain —, sans pour le moment entrer dans la discussion des biens (ou maux) particuliers. Le bien est, selon sa notion la plus générale, «ce qui convient» à quelque chose[8]. Or, ce qui convient le plus à moi, c'est moi-même.... Dans tout ce que je fais, je désire être pleinement «moi» — ce qui est pourtant impossible dans le monde phénoménal, comme nous le savons déjà[9]. Puisque «les choses naturelles ont l'être dans l'esprit divin plus véritablement qu'en elles-mêmes» (T33), l'homme ne saurait trouver son bien parfait que dans l'union avec Dieu qu'est la béatitude. Cette dernière est donc implicitement[10] voulue, ou désirée, par tout être humain, bien que tout le monde ne reconnaisse pas explicitement l'identité du bien parfait et de Dieu. Selon les termes que saint Thomas utilisait dans le texte n° 62, la saisie intellectuelle de soi et de Dieu, laquelle est toujours en l'âme,

---

[7] Cfr *Qu. disp. de veritate*, qu. 16, art. 1, c et l'excellent exposé chez O. LOTTIN O.S.B., *Psychologie et morale aux XIIe et XIIIe siècles*, t. II, 1re partie (1948), pp. 222-235.

[8] Cfr *Summa contra gentiles*, lib. III, cap. 3, §*Ex hoc autem*; *Ed. leon.* XIV: 9: «Quod autem est conveniens alicui, est ei bonum»; cfr aussi *S.T.* I[a]II[ae], qu. 29, art. 1, c; *Ed. leon.* VI: 203: «Sicut autem omne conveniens, inquantum huiusmodi, habet rationem boni; ita omne repugnans, inquantum huiusmodi, habet rationem mali».

[9] Cfr chapitre II, surtout la première section, intitulée «L'opération, fin de l'étant».

[10] On serait presque tenté de dire: inconsciemment...

implique «un certain amour indéterminé» (*quidam amor indeterminatus*) de soi et de Dieu — nous aimons Dieu, et nous L'aimons nécessairement, même si nous ne nous apercevons pas que c'est Lui que nous désirons dans tous nos désirs particuliers:

> (T67) La béatitude peut être envisagée de deux façons: d'abord, selon la notion générale de béatitude (*secundum communem rationem beatitudinis*). Selon cette façon, tout homme veut la béatitude nécessairement. En fait, la notion générale de béatitude est qu'elle constitue le bien parfait, comme il a été dit. Or, étant donné que le bien est l'objet de la volonté, le bien parfait de quelqu'un est ce qui satisfait totalement sa volonté. C'est pourquoi désirer la béatitude n'est rien d'autre que désirer que la volonté soit comblée — ce que tout le monde veut. D'une seconde manière, nous pouvons parler de la béatitude selon sa notion spéciale (*secundum specialem rationem*), par rapport à ce en quoi la béatitude consiste. Et de cette façon, tous ne connaissent pas la béatitude, puisqu'ils ignorent avec quelle chose (*cui rei*) la notion générale de la béatitude s'accorde. Et par conséquent, par rapport à cela, tous ne veulent pas la béatitude[11].

---

[11] «(...) beatitudo dupliciter potest considerari. Uno modo, secundum communem rationem beatitudinis. Et sic necesse est quod omnis homo beatitudinem velit. Ratio autem beatitudinis communis est ut sit bonum perfectum, sicut dictum est. Cum autem bonum sit obiectum voluntatis, perfectum bonum est alicuius, quod totaliter eius voluntati satisfacit. Unde appetere beatitudinem nihil aliud est quam appetere ut voluntas satietur. Quod quilibet vult. Alio modo possumus loqui de beatitudine secundum specialem rationem, quantum ad id in quo beatitudo consistit; et sic non omnes cognoscunt beatitudinem: quia nesciunt cui rei communis ratio beatitudinis conveniat. Et per consequens, quantum ad hoc, non omnes eam volunt» (*S. T.* I^aII^ae, qu. 5, art. 8, c; *Ed. leon.* VI: 54).

On le voit: nous ne pouvons pas ne pas vouloir être bien-heureux[12]. Par contre, la Chose (*res*)[13] qui constitue l'objet le plus propre de ce désir nous reste souvent cachée par les biens particuliers que nous désirons à sa place: les richesses, le sexe...[14]

Béatitude et altérité

Le concept thomiste de la béatitude présente un para-doxe, qui est celui-ci: si, d'une part, la béatitude est définie comme «le bien parfait» de l'homme (T67), c'est-à-dire comme ce qui lui «convient» le plus, et si, d'autre part, elle consiste en une union (*coniunctio, unio*) avec Dieu[15], alors l'homme doit, pour être parfaitement lui-même, devenir autre que soi. Ceci reste vrai, même si «les choses naturelles ont l'être dans l'esprit divin plus véritablement qu'en elles-mêmes» (T33), c'est-à-dire si la conjonction de l'homme avec Dieu est une conjonction dans laquelle l'être humain trouve *sa* perfection la plus propre. Car, selon ce que nous avons expliqué dans le chapitre II, une fois que l'homme

---

[12] Cfr *S.T.* I^{a}II^{ae}, qu. 5, art. 4, ad 2; *Ed. leon.* VI: 50: «(...) homo non potest non velle esse beatus.»

[13] «Au-delà du désir en tant que désir articulé à un objet désiré (soit ce que j'appelle ici un épithumène), il y a la Chose, *das Ding*. (...) Lacan emploie ce mot: "la Chose", *das Ding*, précisément parce que *das Ding* n'est pas dicible, encore moins figurable, parce que donner un contenu à cette chose, c'est déjà entrer dans le jeu de signifiants, c'est déjà confondre la Chose avec l'objet désiré, c'est déjà réduire la Chose à un épithumène. Or la Chose est au-delà du jeu signifiant par quoi se trame la fonction désirante du sujet, même si — ou plutôt — parce qu'elle en est la condi-tion de possibilité» (B. BAAS, *Le désir pur* [1992], pp. 49 et 51). Que cette citation suffise pour indiquer les raisons qui nous font paraître justifiée l'application du terme lacanien Chose à Dieu tel que Le conçoit saint Thomas.

[14] Cfr *S.T.* I^a II^{ae}, qu. 1, art. 7, c.

[15] Cfr *S.T.* I^{a}II^{ae}, qu. 3, art. 3, c et *ibid.*, qu. 4, art. 8, c.

aurait trouvé cette perfection, il n'aurait plus aucune raison de sortir de soi et d'agir. Mais «une chose, quelle qu'elle soit, est dite *être* en raison de (*propter*) son opération» (T25); «toute chose *est* en raison de (*propter*) son opération» (T26). D'après Thomas d'Aquin lui-même, un étant qui n'agit pas n'est pas un étant. Alors la béatitude, comme l'accomplissement total de l'homme, ne devrait-elle pas, de ce fait même, être sa «fin» dans le double sens dont nous connaissons déjà l'ambiguïté[16]? Autrement dit, le but et la visée ultimes de la vie humaine ne devraient-ils pas nécessairement être aussi son terme et sa ruine? Georges Bataille aurait-il finalement eu raison en décrivant «la contemplation de l'être au sommet de l'être» comme un «moment de mort»[17]?

De fait, l'Aquinate admet qu'en un sens, la béatitude est incompatible avec la vie. Si l'on identifie l'être même d'un étant vivant avec sa vie, alors la béatitude ne relève pas de la vie, car elle implique une transcendance de cet être: en effet, ma perfection la plus propre ne coïncide pas avec mon existence dans l'ordre prédicamental[18]. Que néanmoins la béatitude ne soit point conçue par l'Aquinate comme un «moment de mort», c'est ce qui ressort de sa description de l'union avec Dieu comme une «opération» de l'intellect[19]. Cependant, l'intellect a seulement à être en opération, il a seulement à sortir de soi, s'il a encore une distance à parcourir entre lui-même et son objet — ce qui semble être

---

[16] Cfr, dans l'Introduction, surtout la section «La vérité, fin de la philosophie» et, au chapitre II, la section «L'opération, fin de l'étant».

[17] G. BATAILLE, *L'Érotisme* (1957), p. 305.

[18] Cfr *S.T.* I^{a}II^{ae}, qu. 3, art. 2, ad 1; *Ed. leon.* VI: 27: «(...) vita dicitur dupliciter. Uno modo, ipsum esse viventis. Et sic beatitudo non est vita: ostensum est enim quod esse unius hominis, qualecumque sit, non est hominis beatitudo; solius enim Dei beatitudo est suum esse.»

[19] Cfr *S.T.* I^a II^{ae}, qu. 3, art. 2 à 5.

exclu par la définition même de la béatitude comme *unio* ou *coniunctio*.

Oui et non. D'une part, nous comprendrons Dieu *tout entier* dans la vision béatifique — nous serons donc, en Lui et par Lui, réunis avec la Chose qui nous manquait dans notre existence finie. Par ailleurs, nous ne comprendrons jamais Dieu *entièrement* — ce qui veut dire qu'il restera toujours une distance[20] entre nous, êtres finis, et l'infinité de la Chose:

> **(T68)** Les saints verront toute l'essence divine (*totam essentiam divinam*) dans la Patrie [c'est-à-dire aux cieux], mais ils ne la verront pas totalement (*non totaliter*) — et ceci non pas de cette façon qu'il y ait quelque mode (*modus*) en Dieu qu'ils ne verraient pas, ou qu'il y ait quelque mode de l'intellect des saints qui ne se serait pas tourné vers Dieu; mais parce que le mode selon lequel ils se tournent vers Dieu pour Le connaître n'égale pas le mode selon lequel Dieu est connaissable; et c'est cette inégalité qui est indiquée lorsqu'on dit que l'essence divine ne sera pas vue «totalement». En effet, l'adverbe *totaliter* ne réfère pas au mode absolu de celui qui voit, ni au mode absolu de la chose vue, mais plutôt au mode de celui qui voit par rapport à la chose vue. Car cet adverbe définit la vision elle-même, selon laquelle celui qui voit est mis en rapport avec ce qui est vu[21].

---

[20] Sur la complémentarité de la loi de la jouissance et de la loi morale (ou loi de distance), on pourra lire notre article *Penser l'Autre: l'éthique de la théologie négative* (1995), surtout p. 418.

[21] «(...) totam essentiam divinam sancti videbunt in patria, sed non totaliter; non ita quod aliquis modus sit in Deo quem non videant, vel aliquis modus sit intellectus ipsorum qui non convertatur ad Deum; sed quia modus quo convertuntur ad Deum cognoscendum, non est aequalis modo quo Deus est cognoscibilis; et haec inaequalitas ostenditur cum dicitur, quod divina essentia non totaliter videbitur; hoc enim adverbium

Dans la vision béatifique, dans laquelle l'homme trouve sa perfection en Dieu, il n'y a point confusion entre l'identité de l'être humain et l'altérité de Dieu. Dieu reste l'Autre, même si, en Lui, l'homme découvre son identité parfaite. Dans l'union béatifique, écrit à ce sujet le grand expert de la psychologie de la religion Antoine Vergote, «le désir (…) vit sa complétude — traversée de manque — en avant de lui, dans l'Autre toujours premier et définitivement autre de par sa présence même». La béatitude n'est pas (ajoute encore le même auteur) «une satisfaction homéostatique sans désir et sans jouissance»[22].

Le Bien, les biens et la rationalité du domaine moral

La béatitude ne saurait être atteinte en cette vie, qui est inséparable de la division entre le sujet et Dieu, c'est-à-dire qui est inséparable de la division entre le sujet et sa perfection la plus propre[23]. Le sens de cette vie est justement la *quête* de la béatitude, tandis que sa *possession* en marque la fin. Or, comment l'homme pourrait-il rechercher la béatitude, si celle-ci était tout simplement absente de cette vie? C'est là un problème analogue à celui que nous avons déjà dû affronter au chapitre II, lorsqu'il était question des conditions de l'opération de l'étant. L'étant n'opérerait simplement pas si la fin de ses opérations, à savoir la *veritas rei* dans l'esprit divin, n'était pas toujours déjà secrètement présente dans l'ordre prédicamental. «La vérité ontologique

---

totaliter neque dicit modum videntis absolute, neque modum absolute rei visae; sed modum videntis per comparationem ad rem visam: hoc enim adverbium determinat ipsam visionem, secundum quam comparatur videns ad visum» (*In Sent.*, lib. IV, dist. 49, qu. 2, art. 3, ad 3). Cfr aussi *Qu. disp. de veritate*, qu. 8, art. 2, c; *S.T.* I^a, qu. 12, art. 7, c; *Super ev. S. Ioan.*, cap. I, lect. II, §213.

[22] A. VERGOTE, *Psychanalyse et religion* (1993), p. 322.

[23] Cfr *S.T.* I^a, qu. 12, art. 11, c et *ibid.*, I^a II^ae, qu. 5, art. 3, c.

doit être implicitement présente dans l'ordre prédicamental comme sa condition de possibilité», avons-nous dit dans ce contexte[24]. Or, la même réflexion vaut également pour l'ordre moral. Bien sûr, en cette vie la béatitude n'existe point en toute sa perfection, mais nous ne la poursuivrions pas si les biens limités d'à présent ne nous donnaient pas l'avant-goût des choses à venir. Le bien absolu qui nous «convient» parfaitement devient dès lors déjà partiellement accessible dans les biens limités qui nous conviennent dans le cheminement *vers* la perfection[25].

Dans l'ordre de ces biens partiels, il y a différents niveaux d'importance. En effet, il est des biens qui sont indissociables de l'humanité même, c'est-à-dire sans lesquels l'homme ne peut être homme. Saint Thomas dresse la liste de ces biens qui nous sont indispensables dans notre quête de la perfection absolue dans la *Prima Secundae* de la *Somme théologique*, question 94, article 2:

> (T69) D'abord, il y a, en effet, dans l'homme une inclination au bien selon la nature qu'il partage avec toutes les substances, à savoir dans le sens où toute substance désire la conservation de son être selon sa nature. Selon cette inclination, ce par quoi la vie de l'homme est conservée et qui écarte ce qui s'oppose à elle appartient à la loi naturelle. En deuxième lieu, il y a dans l'homme une inclination à des choses plus spécifiques, selon la nature qu'il partage avec les autres animaux. Selon cela, on dit que relève de la loi naturelle, «ce que la nature a enseigné à tous les animaux» [Ulpien], comme l'union du mâle et de la femelle, l'éducation des enfants, etc. D'une troisième

---

[24] Cfr chapitre II, pp. 75 sq.
[25] Cfr *S.T.* I[a] II[ae], qu. 5, art. 5, c; *Ed. leon.* VI: 51: «(...) beatitudo imperfecta quae in hac vita haberi potest, potest ab homine acquiri per sua naturalia».

manière, il y a en l'homme une inclination au bien
selon la nature de la raison, qui lui est propre —
comme, par exemple, l'homme possède une
inclination naturelle à connaître la vérité sur Dieu ou à
vivre en société. Selon cela, ce qui a trait à cette
inclination appartient à la loi naturelle, comme, par
exemple, le fait que l'homme se garde contre
l'ignorance, qu'il n'offense pas les autres avec lesquels il
doit vivre, et d'autres choses qui ont trait à cela[26].

Le statut de ces biens est clair: ils ressortissent à la loi naturelle, c'est-à-dire qu'ils nous sont donnés avec la même certitude «syndérétique» que le principe *bonum est faciendum*
lui-même. En d'autres mots, nier que l'homme est naturellement porté à la conservation de son être, à la reproduction
sexuelle et à l'exercice de la rationalité, c'est nier l'humanité
même. Finalement, la morale ne semble-t-elle pas être chose
facile?

---

[26] «Inest enim primo inclinatio homini ad bonum secundum naturam in
qua communicat cum omnibus substantiis: prout scilicet quaelibet substantia appetit conservationem sui esse secundum suam naturam. Et
secundum hanc inclinationem, pertinent ad legem naturalem ea per quae
vita hominis conservatur, et contrarium impeditur. — Secundo inest
homini inclinatio ad aliqua magis specialia, secundum naturam in qua
communicat cum ceteris animalibus. Et secundum hoc, dicuntur ea esse
de lege naturali *quae natura omnia animalia docuit*, ut est coniunctio
maris et feminae, et educatio liberorum, et similia. — Tertio modo inest
homini inclinatio ad bonum secundum naturam rationis, quae est sibi
propria: sicut homo habet naturalem inclinationem ad hoc quod veritatem cognoscat de Deo, et ad hoc quod in societate vivat. Et secundum
hoc ad legem naturalem pertinent ea quae ad huiusmodi inclinationem
spectant: utpote quod homo ignorantiam vitet, quod alios non offendat
cum quibus debet conversari, et cetera huiusmodi quae ad hoc spectant»
(*S. T.* I^{a}II^{ae}, qu. 94, art. 2, c; *Ed. leon.* VII: 170). Cfr aussi ibid., II^a II^{ae},
qu. 73. art. 3, c, où Thomas fournit une liste des biens humains où ceux-
ci sont divisés en biens de l'âme, biens du corps et biens provenant des
choses extérieures.

Que non! Car jusqu'ici, rien n'est encore décidé sur la moralité des actes particuliers, qui constituent le vrai enjeu de la problématique éthique. Or, pour parler de cette problématique, nous devons renoncer à la certitude absolue des premiers principes (cfr T66). Voyons pourquoi.

La faillibilité des raisonnements moraux

Parmi les trois grandes inclinations naturelles, c'est la raison qui l'emporte; car «il est propre à l'homme d'être incliné à agir selon la raison»[27]. Dès lors,

> (T70) il est nécessaire que toutes les inclinations naturelles qui ressortissent aux autres puissances soient ordonnées selon la raison. C'est pourquoi il est généralement reconnu par tout le monde que toutes les inclinations des hommes sont dirigées selon la raison[28].

De la sorte, la question éthique s'avère, chez Thomas d'Aquin, être une question portant sur la *rationalité* de l'agir humain:

> (T71) En effet, dans le domaine de la morale, on parle du «bien» et du «mal» selon ce qui s'accorde avec la raison ou est en désaccord avec elle[29].

Saint Thomas ne prône pas une autonomie totale de la raison par rapport aux inclinations naturelles plus «basses»,

---

[27] «(…) homini proprium est ut inclinetur ad agendum secundum rationem» (*S. T.* Iª IIᵃᵉ, qu. 94, art. 4, c; *Ed. leon.* VII: 171).

[28] «(…) oportet quod omnes inclinationes naturales ad alias potentias pertinentes ordinentur secundum rationem. Unde hoc est apud omnes communiter rectum, ut secundum rationem dirigantur omnes hominum inclinationes» (*S. T.* Iª IIᵃᵉ, qu. 94, art. 4, ad 3; *Ed. leon.* VII: 172).

[29] «Bonum enim et malum in moralibus dicitur secundum quod convenit rationi vel dicordat ab ea» (*S. T.* IªIIᵃᵉ, qu. 34, art. 1, c; *Ed. leon.* VI: 235).

qui sont «ordonnées» et «dirigées» par elle, sans pour autant pouvoir être annulées[30]; toujours est-il que c'est la raison qui constitue la dernière instance morale.

Malheureusement, puisque rationalité est synonyme de faillibilité, il est inévitable que, dans l'application de la loi naturelle à des cas particuliers selon la structure syllogistique dont parlait le texte n° 66, surgissent de multiples doutes et problèmes. Commençons notre discussion à ce sujet par un texte célèbre tiré de la *Prima Secundae*, texte qui a déjà fait l'objet d'une vive discussion dans la littérature thomiste[31]:

> (T72) Quant aux conclusions spéciales (*proprias conclusiones*) de la raison spéculative, leur vérité est la même pour tout le monde, encore qu'elle ne soit pas connue de façon égale de tous: car il est vrai pour tout le monde qu'un triangle est composé de trois angles qui égalent deux angles droits, quoique cela ne soit pas connu de tous. Cependant, quant aux conclusions spéciales de la raison pratique, leur vérité ou validité (*veritas seu rectitudo*) n'est ni la même pour tout le monde, ni connue de façon égale même par ceux pour lesquels elle est la même. En effet, il est juste et vrai pour tout le monde qu'il faut agir selon la raison. Or, de ce principe il s'ensuit, comme une sorte de conclusion spéciale (*quasi conclusio propria*), que les dépôts doivent être rendus. Cependant, si cela est vrai dans la plupart des cas (*ut in pluribus*), il peut arriver dans un certain cas qu'il soit dommageable et, par conséquent, irrationnel que les dépôts soient rendus — par exemple, si quelqu'un réclame [son dépôt] pour attaquer la patrie. Et cette exception se produit de plus

---

[30] À ce sujet, cfr A. LÉONARD, *Le fondement de la morale* (1991), pp. 230-235 et 252-264.
[31] Cfr A. ZIMMERMANN, *Die Erkennbarkeit des natürlichen Gesetzes* (1987), pp. 62 sq.

en plus souvent (*hoc tanto magis invenitur deficere*)
dans la mesure où l'on descend dans des cas
particuliers — par exemple, si l'on dit que les dépôts
doivent être rendus avec telle précaution ou de telle
manière. En effet, plus le nombre de conditions
particulières augmente, plus peuvent se produire des
exceptions de toutes sortes, qui font qu'il n'est pas
juste, ou bien de rendre, ou bien de ne pas rendre. Il
faut alors dire que la loi de la nature, quant aux
premiers principes généraux (*prima principia
communia*), est la même pour tout le monde à la fois
selon sa validité et selon sa connaissance. Mais quant à
certains principes spéciaux (*quaedam propria*), qui sont
comme des conclusions (*quasi conclusiones*) des
principes généraux, la loi de la nature est la même
pour tous dans la plupart des cas (*ut in pluribus*), à la
fois selon sa validité et selon sa connaissance; mais
dans un petit nombre de cas (*ut in paucioribus*), elle
peut subir des exceptions (*potest deficere*), à la fois eu
égard à sa validité, à cause de quelques empêchements
particuliers (à l'instar de la manière dont aussi les
natures qui sont soumises à la génération et à la
corruption subissent des exceptions dans un petit
nombre de cas, à cause d'empêchements), et eu égard
à sa connaissance; et ceci à cause du fait que certaines
gens ont une raison déformée par la passion ou par
une mauvaise habitude ou par un mauvais état de la
nature — comme, par exemple, jadis chez les
Germains le brigandage n'était pas considéré comme
injuste (comme le rapporte Jules César dans son livre
La guerre des Gaules), quoiqu'il soit clairement contre
la loi de la nature[32].

---

[32] «Quantum vero ad proprias conclusiones rationis speculativae, est
eadem veritas apud omnes, non tamen aequaliter omnibus nota: apud
omnes enim verum est quod triangulus habet tres angulos aequales duo-
bus rectis, quamvis hoc non sit omnibus notum. Sed quantum ad pro-

On le voit: la justice, c'est l'application, souvent malaisée, d'une règle universellement valable à une matière difforme et variable[33]. Le problème n'est pas que la loi naturelle serait foncièrement instable; tout au contraire, en tant que se confondant avec les premiers principes de la raison pratique, elle est connue de tout être humain d'une manière absolument certaine et indubitable — rappelons-nous ce que Thomas disait à ce sujet dans l'extrait n° 66. Cependant, «dans la mesure où l'on descend dans des cas particu-

prias conclusiones rationis practicae, nec est eadem veritas seu rectitudo apud omnes; nec etiam apud quos est eadem, est aequaliter nota. Apud omnes enim hoc rectum est et verum, ut secundum rationem agatur. Ex hoc autem principio sequitur quasi conclusio propria, quod deposita sint reddenda. Et hoc quidem ut in pluribus verum est: sed potest in aliquo casu contingere quod sit damnosum, et per consequens irrationabile, si deposita reddantur; puta si aliquis petat ad impugnandam patriam. Et hoc tanto magis invenitur deficere, quanto magis ad particularia descenditur, puta si dicatur quod deposita sunt reddenda cum tali cautione, vel tali modo: quanto enim plures conditiones particulares apponuntur, tanto pluribus modis poterit deficere, ut non sit rectum vel in reddendo vel non reddendo. Sic igitur dicendum est quod lex naturae, quantum ad prima principia communia, est eadem apud omnes et secundum rectitudinem, et secundum notitiam. Sed quantum ad quaedam propria, quae sunt quasi conclusiones principiorum communium, est eadem apud omnes ut in pluribus et secundum rectitudinem et secundum notitiam: sed ut in paucioribus potest deficere et quantum ad rectitudinem, propter aliqua particularia impedimenta (sicut etiam naturae generabiles et corruptibiles deficiunt ut in paucioribus, propter impedimenta), et etiam quantum ad notitiam; et hoc propter hoc quod aliqui habent depravatam rationem ex passione, seu ex mala consuetudine, seu ex mala habitudine naturae; sicut apud Germanos olim latrocinium non reputabatur iniquum, cum tamen sit expresse contra legem naturae, ut refert Iulius Caesar in libro *de Bello Gallico*» (*S. T.* I^aII^{ae}, qu. 94, art. 4, c; *Ed. leon.* VII: 171 sq.). Cfr aussi *In Sent.*, lib. III, dist. 37, qu. 1, art. 3, c.

[33] «(...) justum hujusmodi est applicatio quaedam universali et primae mensurae ad materiam difformem et mutabilem» (*In Sent.*, lib. III, dist. 37, qu. 1, art. 4, ad 2).

liers», il devient de plus en plus difficile de mettre en œuvre ce qu'on a reconnu comme absolument vrai dans l'abstrait. Car les «quasi-conclusions»[34] des principes généraux ne sont jamais vraies qu'*ut in pluribus*, comme le formule le Docteur angélique — dans la plupart des cas. Plus on considère la particularité de chaque cas, plus on se trouve confronté à des conditions objectives ou subjectives qui empêchent des jugements moraux apodictiques: «comme la connaissance de l'homme est une tâche qui n'est jamais finie pour l'homme, écrit très justement A. Léonard, autant dire que la réflexion morale a devant elle un avenir infini»[35].

Saint Thomas opère une distinction entre, d'une part, des conditions objectives qui peuvent compliquer l'application de la loi naturelle et, d'autre part, des complications subjectives: il distingue, en effet, la validité (*rectitudo*) de la loi naturelle dans des cas particuliers de sa connaissance (*notitia*) par les sujets moraux. Toutes les deux, la validité de la loi et sa connaissance, subissent des variations. D'abord, les circonstances objectives d'un cas particulier peuvent nécessiter une action qui va à l'encontre d'une conclusion qui semblait découler logiquement de la loi naturelle. Ainsi

---

[34] Il y a toute une discussion autour de ce terme; nous nous alignons sur la position de R. McInerny, qui écrit dans un article sur *The Basis and Purpose of Natural Law* (1987), p. 143: «I suspect that the *quasi* refers, not to some defect of logical form in the argument, but rather to the fact that the conclusion is not always true; that is, however valid the argument, it is not apodictic. Exceptions to it are foreseen». Comme le montre, parmi d'autres, le texte n° 72, il est faux de prétendre que les «quasi-conclusions» «setzen also kein diskursives Erkennen voraus, sondern nehmen an der unmittelbaren Evidenz der obersten Prinzipien teil, wenn auch in etwas abgeschwächter Weise» (A. GUNTHÖR O.S.B., *«Natur» im Naturgesetz* [1987], p. 93).

[35] A. LÉONARD, *Le fondement de la morale* (1991), p. 235. Sur les limites de notre connaissance pratique selon saint Thomas, cfr aussi M. BASTIT, *Naissance de la loi moderne* (1990), pp. 111-114.

paraît-il s'ensuivre du précepte d'agir rationnellement que tout bien qui est confié à un dépositaire pour être gardé par lui doit être restitué ultérieurement — imaginez ce qui arriverait à notre système bancaire s'il y avait des doutes sur la validité universelle de ce principe! Cependant, il est des cas où la restitution d'un dépôt contredirait la loi naturelle, si, par exemple, quelqu'un qui a l'intention de combattre mon pays me demande de lui rendre des armes qu'il a déposées chez moi. Un autre exemple, que saint Thomas cite dans le *Commentaire sur les Sentences*, est encore plus étonnant. Normalement, la raison, qui est appelée à ordonner et diriger nos inclinations naturelles, arrive à la conclusion que l'union des sexes se fait idéalement sous la loi de la monogamie. Il n'en reste pas moins que cette conclusion fut suspendue par Dieu Lui-même pour les prophètes d'Israël et, à travers ceux-ci, pour tout le peuple de l'Israël vétéro-testamentaire, et ceci dans le but d'assurer la multiplication des fidèles[36]…

Malgré la distinction que Thomas fait entre la *rectitudo* et la *notitia* de la loi, on a l'impression que les deux sont souvent liées. Si je ne peux pas rendre ses armes à celui qui veut attaquer mon pays, ce n'est pas parce que la «nature» de la loi aurait changé, mais parce que la volonté du dépositaire s'est pervertie[37] — en d'autres termes, ce qui semblait, à première vue, être un exemple de la manière dont la *rectitudo* de la loi subit des variations, s'avère être un exemple de la façon dont des hommes qui ignorent la loi empêchent sa pleine application. Mais non seulement la *notitia* de la loi influe sur les circonstances de sa validité objective, des circonstances objectives exercent également

---

[36] Cfr *In Sent.*, lib. IV, dist. 33, qu. 1, art. 1 et 2 et O. LOTTIN O.S.B., *Psychologie et morale aux XIIᵉ et XIIIᵉ siècles*, t. II, 1ʳᵉ partie (1948), p. 100.

[37] C'est ainsi que Thomas raisonne dans *S.T.* IIᵃ IIᵃᵉ, qu. 57, art. 2, ad 1.

une influence sur notre possibilité de connaître la loi. C'est dans ce sens qu'il faut interpréter l'extrait n° 72, où l'Aquinate dit que la loi peut subir des exceptions eu égard à sa connaissance parce que la raison de certains aurait été «déformée» par «un mauvais état de la nature (*ex mala habitudine naturae*)». Si je suis, par exemple, ambidextre ou gaucher, j'aurai du mal à m'apercevoir que la main droite est «naturellement» meilleure que la main gauche...[38]

Admettons qu'ici, des limites commencent à se faire jour dans la pensée thomiste, qui est, comme toute pensée humaine, fille de son temps. Pour saint Thomas, toute divergence d'une norme de la nature considérée comme idéale est un «défaut». Aujourd'hui, nous nous poserions la question: d'où Thomas tire-t-il cette norme? Comment la justifie-t-il? Cette norme n'est-elle pas souvent arbitraire, comme le prouve le cas de la «meilleure» main droite? Notre nature n'a-t-elle pas elle-même une histoire, de sorte que ce que nous trouvons «naturel» ou non est contingent?[39]

Plus radicalement encore, peut-être que non seulement *natura nostra variabilis est*[40], mais qu'aussi *ratio nostra variabilis est*. Saint Thomas affirme que quelques-uns ignoreraient la loi naturelle (ou, plutôt, ses «quasi-conclusions»), «à cause

---

[38] Cfr *In Sent.*, lib. IV, dist. 33, qu. 1, art. 2, ad 1.

[39] Il y a un passage dans le *corpus thomisticum* où Thomas d'Aquin semble envisager cette possibilité, à savoir *S.T.* I^a II^{ae}, qu. 31, art. 7, c, qui décrit, entre autres, le cannibalisme, la bestialité et l'homosexualité comme étant «connaturels» à certaines personnes. Feu J. Boswell en a fait beaucoup (*Christianity, Social Tolerance, and Homosexuality* [1980], pp. 326 sq.), mais ses critiques ont souligné, à juste titre, que la dite «connaturalité» est due, d'après Thomas, à une «corruption de la nature» occasionnée par une mauvaise «habitude». Cfr B.A. WILLIAMS O.P., *Homosexuality and Christianity* (1982), pp. 621 sq.

[40] *In Sent.*, lib. IV, dist. 33, qu. 1, art. 2, ad 1.

du fait que certaines gens ont une raison déformée par la passion (*depravatam rationem ex passione*) ou par une mauvaise
habitude (*ex mala consuetudine*) ou par un mauvais état de
la nature (*ex mala habitudine naturae*)». Or, la notion de
depravata ratio présuppose qu'on puisse connaître ce que
serait une raison parfaitement «saine». Pourtant, le Docteur
angélique lui-même admet très franchement qu'«il n'y a
personne en cette vie qui n'ait pas quelque défaut»[41] —
quelque «blessure irrémédiable», comme nous avons dit au
chapitre II[42]. La rationalité qui nous est accessible en cette
vie n'est pas une rationalité absolue, mais seulement la
rationalité limitée et imparfaite des étants finis que nous
sommes, divisés et pour ainsi dire séparés de notre propre
identité, séparés de nous-mêmes.... *La* rationalité n'existe
qu'en Dieu, sous forme de ce que saint Thomas appelle la
«loi éternelle» et dont la loi naturelle est un reflet, une
«participation»[43]. Notre tâche en cette vie, c'est de «rassembler» les rationalités dispersées[44], pour retrouver leur unité
primordiale[45] — mais notre devoir est aussi de reconnaître
que nous ne sommes pas Dieu et que, dès lors, cette tâche
est infinie. En effet, pour nous, êtres finis, la multiplicité
des idées morales de l'humanité est irréductible:

---

[41] «(...) nullus est in hac vita qui non habeat aliquem defectum» (*S. T.* II^a
II^ae, qu. 33, art. 4, ad 3; *Ed. leon.* VIII: 266).

[42] Voir ci-dessus, p. 74.

[43] Pour la doctrine thomiste de la loi éternelle, cfr *S. T.* I^a II^ae, qu. 91, art.
1 et 2; *ibid.*, qu. 93.

[44] Le thème de la multiplicité des rationalités — et, dès lors, des morales —
est devenu presque un lieu commun dans la discussion philosophique
contemporaine. Un des premiers qui ait étudié ce problème d'une façon
approfondie fut le philosophe allemand Ernst Cassirer, notamment dans
son ouvrage *La philosophie des formes symboliques*. D'un point de vue à la
fois éthique et thomiste, A. MacIntyre a exploré la même thématique
dans son livre *Quelle justice? Quelle rationalité?* (1993).

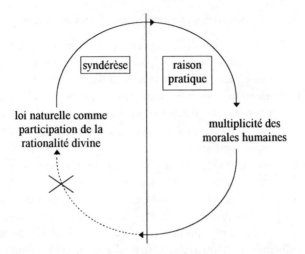

Face à cette multiplicité, que fait le pauvre sujet moral qui doit agir, ici et maintenant? En effet, écrit le thomiste québécois M. Blais,

> sur le plan de l'action singulière, il n'y a plus de certitude: je ne suis jamais absolument certain que ce que je fais est vraiment ce qu'il convient que je fasse: *materia moralis est varia et difformis, non habens omnimodam certitudinem*[46]. La matière morale est variée, changeante, difforme; elle ne comporte aucune forme de certitude. Je ne suis jamais certain de faire, ici et maintenant, ce qu'il convient que je fasse[47].

Le moyen de sortir de cette aporie, nous le trouverons dans la doctrine thomiste de la conscience.

---

[45] Cfr l'Introduction du présent ouvrage, surtout la section intitulée «La voie: un effort "collectif" (*collectio*)» (pp. 23-27).

[46] Une citation de *Sententia libri Ethicorum*, lib. I, lect. 3; *Ed. leon.* XLVII, I: II, où cependant on lit *deformis* et non *difformis*.

[47] M. BLAIS, *L'autre Thomas d'Aquin* (1990), p. 219.

La conscience comme dernière instance morale

À la fin du chapitre précédent, nous avons été amenés à conclure que la rationalité, qui nous fait être humains, implique comme telle un brouillage de la voix divine qui parle en nous. Dès lors, nous nous sommes posés la question de savoir si, du point de vue moral, la rationalité humaine ne doit pas être considérée comme intrinsèquement vouée au péché.

Le soupçon exprimé dans cette question semble avoir été confirmé par nos réflexions sur l'éthique thomiste. En effet, toute décision morale implique la nécessité de descendre des premiers principes, que la syndérèse «a» avec une certitude indubitable, jusqu'à l'application rationnelle de ces principes à tel ou tel cas particulier. Or, cette démarche rationnelle ne saurait jamais récupérer la certitude de la syndérèse, vu qu'elle est caractérisée par une finitude radicale, qui la sépare irréductiblement de la loi éternelle. En cette vie, la volonté humaine se trouve, par conséquent, dans l'impossibilité de s'assimiler parfaitement à la volonté divine, car elle ne la connaît pas — du moins pas rationnellement. La distance irréductible qui sépare la loi naturelle, telle que l'homme l'interprète, de la loi éternelle[48], signifie-t-elle alors que l'homme, en tant qu'homme, est pécheur?

Que non. La finitude n'est pas intrinsèquement mauvaise, mais elle doit se connaître comme finitude. Expliquons-nous. L'homme est appelé à agir conformément à ce qu'il juge bon ici et maintenant, dans telle situation historique, sociale et personnelle particulière. En agissant ainsi, c'est-à-

---

[48] Nous n'entendons point nier tout lien entre la loi éternelle et la loi naturelle comme l'homme la connaît et l'applique; nous soulignons seulement que le «dévoilement» de la loi éternelle dans la loi naturelle et dans ses «conclusions» comporte un élément inéluctable de «voilement».

dire en suivant la voix de sa conscience, il ne péchera pas, en
dépit du fait que la conscience, qui «dénomme l'acte
d'appliquer la loi naturelle à quelque chose qui est à faire»
(T66), peut toujours se tromper. Par ailleurs, l'homme est
appelé à un effort infatigable pour transcender les limitations
de sa conscience personnelle, en s'informant, dans la mesure
du possible, sur les exigences de la loi naturelle «en soi»[49]:

> (T73) La conscience erronée ne suffit pas pour absoudre
> [quelqu'un] lorsque son péché consiste dans l'erreur
> même, comme lorsqu'il se trompe au sujet de quelque
> chose qu'il est tenu de savoir. Toutefois, si l'erreur
> concerne quelque chose que quelqu'un n'est pas tenu de
> savoir, alors il est absous à cause de sa conscience[50].

Et que suis-je «tenu de savoir»? Même l'homme médiéval
qu'est Thomas d'Aquin se rend compte qu'il n'y a guère une
norme morale qui ne soit sujette à la possibilité de s'obscur-
cir dans la perception des sujets humains — et de s'obscur-
cir à tel point que ceux-ci croient honnêtement agir ration-

---

[49] Le P. Pinckaers écrit, dans ses notes explicatives en appendice de l'édition
bilingue de la *Somme* dite de «La Revue des Jeunes» (1966), pp. 199 sq.:
«Nous trouvons ici, engagés dans un mouvement dialectique, les deux
pôles qui régissent l'accession de l'homme à la vérité et l'instauration du
bien moral: d'une part, l'affirmation de l'existence du sens naturel du
bien en tout homme, et, d'autre part, la reconnaissance des exigences
de la vérité. (…) Seul le maintien de ces deux éléments complémentaires,
la volonté du bien au fond de l'homme et l'idéal de la vérité, l'acceptation
en conséquence d'un inévitable pluralisme dans le combat même pour la
vérité, permettent aux hommes de progresser authentiquement dans leur
agir moral».
[50] Cfr *Qu. disp. de veritate*, qu. 17, art. 3, ad 4; *Ed. leon.* XXII: 523: «(…)
tunc conscientia erronea non sufficit ad absolvendum quando in ipso
errore peccat, ut quando errat circa ea quae scire tenetur; si autem esset
error circa ea quae quis non tenetur scire, ex conscientia sua absolvitur».
Pour savoir plus sur l'ignorance qui excuse et l'ignorance qui n'excuse pas,
on pourra lire *S.T.* I^a II^{ae}, qu. 6, art. 8.

nellement et (dès lors) moralement, lors même que leurs actions sont en contradiction flagrante avec ce qui «convient» pour leur propre bien. Et le Docteur angélique de citer deux exemples remarquables:

> (T74) En effet, non seulement ce qui est [morale-
> ment] indifférent peut prendre le sens (*rationem*) d'un
> bien ou d'un mal par accident, mais même ce qui est
> bon peut prendre le sens d'un mal, ou ce qui est mal
> peut prendre le sens d'un bien, à cause de la manière
> dont il est saisi par la raison (*propter apprehensionem
> rationis*). Par exemple, s'abstenir de la fornication est
> un certain bien; cependant, la volonté ne se rapporte à
> ce bien qu'en tant qu'il lui est présenté par la raison.
> S'il lui est donc présenté comme un mal par la raison
> errante, la volonté se rapportera à ce bien sous l'angle
> du mal. De là, la volonté sera mauvaise, parce qu'elle
> veut le mal — non pas ce qui est mal en soi, mais ce
> qui est mal par accident, à cause de la manière dont il
> est saisi par la raison. Et semblablement, croire au
> Christ est bon en soi et nécessaire au salut; cependant,
> la volonté ne se rapporte à ce bien qu'en tant qu'il lui
> est présenté par la raison. C'est pourquoi, si la raison
> lui présente ce bien comme un mal, la volonté s'y
> rapportera comme à un mal — non pas parce que
> croire au Christ serait un mal en soi, mais parce que
> c'est un mal par accident, à cause de la manière dont
> cela est saisi par la raison. Pour cette raison, le
> Philosophe dit, dans le livre VII de l'*Éthique*, qu'«à
> proprement parler, l'intempérant est celui qui ne suit
> pas la raison droite, mais que, par accident, c'est celui
> qui ne suit pas même la raison fausse». C'est pourquoi
> il faut dire qu'en tout cas, toute volonté qui ne
> s'accorde pas avec la raison, soit droite, soit errante, est
> toujours mauvaise[51].

---

[51] «Non solum enim id quod est indifferens, potest accipere rationem

La conscience n'est rien d'autre que «l'avis ou la directive de la raison (*sententia, vel dictamen rationis*)» en matière morale, comme le disait déjà le texte n° 66 — l'acte d'appliquer rationnellement la «science» des premiers principes à l'«autre» qu'est le champ du particulier (*conscientia* entendue comme *cum alio scientia*). Or, c'est justement dans cette application rationnelle des principes universels de la loi naturelle à des cas particuliers — c'est-à-dire dans la conscience — que l'adhérence humaine au Bien et, dès lors, à la volonté de Dieu se réalise en ce monde: car nous n'agis-

boni vel mali per accidens; sed etiam id quod est bonum, potest accipere rationem mali, vel illud quod est malum, rationem boni, propter apprehensionem rationis. Puta, abstinere a fornicatione bonum quoddam est: tamen in hoc bonum non fertur voluntas, nisi secundum quod a ratione proponitur. Si ergo proponatur ut malum a ratione errante, feretur in hoc sub ratione mali. Unde voluntas erit mala, quia vult malum: non quidem id quod est malum per se, sed id quod est malum per accidens, propter apprehensionem rationis. Et similiter credere in Christum est per se bonum, et necessarium ad salutem: sed voluntas non fertur in hoc, nisi secundum quod a ratione proponitur. Unde si a ratione proponatur ut malum, voluntas feretur in hoc ut malum: non quia illud sit malum secundum se, sed quia est malum per accidens ex apprehensione rationis. Et ideo Philosophus dicit, in VII *Ethic.*, quod, *per se loquendo, incontinens est qui non sequitur rationem rectam: per accidens autem qui non sequitur etiam rationem falsam.* Unde dicendum est simpliciter quod omnis voluntas discordans a ratione, sive recta sive errante, semper est mala» (*S.T.* Iª IIᵃᵉ, qu. 19, art. 5, c; *Ed. leon.* VI: 145). De bons commentaires sur ce passage se trouvent chez A.-D. SERTILLANGES O.P., *La philosophie morale de saint Thomas d'Aquin* (1922), pp. 538-540, dans les notes explicatives, par S. PINCKAERS O.P., de l'édition bilingue de la *Somme* dite de «La Revue des Jeunes» (1966), pp. 195-200, et dans l'excellent ouvrage d'A. YOU O.S.B., *La loi de gradualité* (1991), pp. 97-100, où toute la problématique du rôle de la conscience en morale est analysée, en profondeur, dans une étude qui essaye de respecter à la fois la Tradition et les exigences de la situation contemporaine. Cfr également les passages parallèles dans *In Sent.*, lib. II, dist. 39, qu. 3, art. 3 et dans *Qu. disp. de veritate*, qu. 17, art. 4.

sons pas dans l'abstrait. Même lorsque je me trompe dans le raisonnement syllogistique qui traduit le principe abstrait *bonum est faciendum* en un «avis» moral particulier, toute ma démarche reste sous le signe de mon adhérence au Bien, adhérence qui est — nous l'avons vu au début de ce chapitre — absolue et nécessaire. C'est pourquoi une personne qui suit la voix de sa conscience est honnêtement convaincue de faire le bien, voire d'agir en conformité avec la volonté divine. Qui plus est, cette personne pècherait si elle agissait autrement que selon la manière qui lui est dictée par sa raison, car subjectivement, une telle divergence entre la volonté et la raison équivaudrait à une décision contre le Bien[52].

Saint Thomas est tout à fait conscient des conséquences paradoxales, voire choquantes, qui découlent de cette position. Si quelqu'un est honnêtement convaincu d'agir en conformité avec sa conscience en ayant des relations charnelles avec une personne qui n'est pas son conjoint, alors il ne pèche pas, car, malgré cet acte, sa volonté demeure bonne. Et — comble du paradoxe! — si quelqu'un croit devoir nier la divinité du Christ, puisque celle-ci ne lui paraît pas compatible avec la bonne raison — et s'il se trouve vraiment dans une impossibilité subjective d'accéder à la foi —, alors cette personne fait peut-être mieux que quelqu'un qui ne fréquente la messe du dimanche que par respect des conventions bourgeoises…

On le voit: *materia moralis est varia et deformis, non habens omnimodam certitudinem.*

---

[52] Cfr *Qu. disp. de veritate*, qu. 17, art. 4, ad 1; *Ed. leon.* XXII: 526: «(…) quamvis id quod dicat erronea conscientia non sit consonum legi Dei tamen accipitur ab errante ut ipsa lex Dei, et ideo, per se loquendo si ab hoc recedat recedet a lege Dei quamvis per accidens sit quod a lege Dei non recedat».

CONCLUSION

Circulus conclusus est.
La théologie trinitaire de saint Thomas

Résumé: la structure de l'être créé

La structure de la finitude est celle d'un cercle qui ne se boucle pas, d'un cercle qui ne se clôt pas, puisque la «refente» qui rend son origine (qui est sa fin) inaccessible à l'étant fini, le séparant ainsi de lui-même, est la condition de possibilité de la création[1]. La création gît, en effet, dans l'espace qui s'ouvre dans l'entre-deux formé par l'origine perdue et l'origine cherchée de l'étant fini; c'est pourquoi, pour elle, le cercle qui rejoint ces deux pôles est à la fois signe de vie et signe de mort — signe d'une présence totale de l'être à soi que l'étant fini ne peut cesser de chercher, mais qui, paradoxalement, lui ôterait sa demeure, car il ne naît qu'à l'ombre de l'absence.

Que la dialectique qui relie inséparablement la présence à l'absence, la transparence à l'opacité, l'identité à la différence et le même à l'autre — tout en maintenant toujours leur distinction! —, que cette dialectique régit toute la structure de l'être de l'étant, nous avons pu le vérifier dans la méthodologie, l'ontologie, l'épistémologie et la morale thomistes.

Méthodologiquement, la tâche de la philosophie se situe entre les deux pôles de la «vérité des choses» et «ce que les hommes ont pensé». Car son but est de découvrir la *veritas*

---

[1] Cfr chapitre II, p. 76, chapitre V, p. 159 et chapitre VI, p. 185.

rerum, mais, pour ce faire, la philosophie doit passer par l'histoire de la pensée, *quid homines senserint*. En effet, la vérité une ne s'offre à la réflexion de l'homme qu'à travers la diversité des pensées et des idées qui ont été développées au cours des temps. Dès lors, l'unité de la *veritas rerum* est réellement présente dans la multiplicité déconcertante des doctrines différentes; toutefois, puisqu'elle ne se confond pas avec telle ou telle doctrine particulière, ni se laisse obtenir par une simple addition de théories opposées, elle n'y saurait être saisie qu'indirectement. Pour comprendre la méthode permettant cette saisie indirecte, il faut considérer que la vérité de l'être est à la fois le sol dans lequel tout discours humain s'enracine, son ἀρχή, et la fin de celui-ci, son τέλος, qui pourtant transcende infiniment le pouvoir de ses paroles. C'est pourquoi la vérité ne peut parler qu'«entre les lignes» des différents discours «rassemblés», pour s'y montrer comme le «milieu» de la réflexion philosophique, milieu *un* qui se refuse à être absorbé par les différences qui s'y inscrivent et qui pourtant en a besoin pour se manifester.

Ontologiquement, la création est ce qu'elle est — l'apparition de l'être fini, doué d'une autonomie et d'une consistance limitées —, puisque l'étant fini ne coïncide pas avec son identité la plus propre, qui est sa *veritas rei* sise en Dieu. Tout le mouvement de l'étant dans l'ordre prédicamental, mouvement qui fait en sorte que l'étant *soit*, peut être interprété comme une quête de son être le plus propre, qui est implicitement, «absentement» présent dans toute opération comme l'origine et comme la fin de celle-ci, sans pourtant pouvoir y prendre racine. L'être figure dans l'opération comme *origine*, puisque l'opération de l'étant présuppose une identité qui puisse déterminer les formes qu'elle prend; il y figure comme *fin*, puisque cette identité est justement ce que l'opération vise à «re»trouver à travers l'«autre» sur lequel elle porte. Or, en tant que tel, l'être *ne saurait «prendre racine»* dans l'opération, puisque l'existence de l'étant fini dépend justement de la *distance* qui s'instaure entre l'être et les modes limités de sa «contraction»: essence, quantité, qualité, rapport... L'*identité* de l'être de l'étant ne se réalise que dans la *différence* de l'essence, qui, elle, se concrétise surtout dans les rapports qui la relient à d'autres essences. En définitive, l'être de l'étant doit, pour être, se (dé)voiler dans la multiplicité des catégories.

Épistémologiquement, la multiplicité des effets et accidents de l'essence constitue le seul moyen par lequel l'homme peut saisir celle-ci et peut saisir, à travers elle, l'être lui-même. Si — pour prendre comme exemple l'amusante étymologie populaire que saint Thomas lui-même nous propose — une pierre est conçue par les Latins comme «ce qui blesse le pied» (*quod laedit pedem*), c'est un effet tout à fait accidentel, un effet qui n'est même pas propre à la pierre, qui sert à la désigner. Cependant, la pure diversité des effets et des accidents ne suffit pas pour créer un «cosmos», une structure ordonnée dans laquelle l'homme peut se retrouver dans les choses qui l'entourent. Car, comment saisir l'essence de la pierre dans ce qui lui est spécifique, si nous ne connaissons de cette essence que des effets comme «blesser le pied», c'est-à-dire des effets qui, à l'évidence, pourraient provenir de maintes autres choses? Quel est le lien qui rattache «blesser le pied» à la pierre, ou qui assure la possibilité de faire la transition de l'origine (*a quo*) de notre langue et de notre connaissance à ce que nos mots et nos concepts visent (*ad quod*)? La réponse que saint Thomas fournit à cette question est que les formes extérieures dans lesquelles les essences se donnent aux sens et à la raison, ne nous apparaissent que sur le fond d'une unité de l'être, laquelle ne relève pas de la raison, mais qui nous est révélée dans l'intellect. En d'autres termes, la structure profonde de l'être nous est toujours déjà donnée dans son unité et dans sa totalité — et doit l'être —, dès que cette structure se réalise dans des effets et des accidents qui la rendent partiellement visible[2]. Au (dé)voilement de l'unité de l'être et du cosmos dans les catégories correspond dès lors le (dé)voilement de l'intellect dans la raison, c'est-à-dire le fait que l'être humain se constitue par la mise à l'ombre de la saisie immédiate de l'être opérée par l'intellect dans la connaissance discursive de la raison. Mais si l'unité de l'être est «ombragée» par la raison et pour ainsi dire «refoulée» dans l'intellect, elle n'en reste pas moins toujours présente, sur le mode de l'absence, dans la multiplicité des éléments qui fournissent à la raison le matériel de son activité.

Dans le domaine de la morale, le principe «le bien mérite d'être fait», *bonum est faciendum*, guide implicitement tout l'agir moral de l'homme. Et la «Chose» qui seule constitue l'accomplissement total de cet agir, c'est-à-dire le Bien parfait qu'est la béatitude, nous est toujours déjà intellectuellement connue, notamment dans la «syndérèse». Néanmoins,

---

[2] Cette interprétation ouvre la possibilité d'intégrer certains éléments du structuralisme dans une philosophie thomiste d'aujourd'hui. À ce sujet, on pourra lire le très intéressant article de feu G. DELEUZE, *À quoi reconnaît-on le structuralisme?* (1973). Cfr surtout pp. 312 sq., où l'auteur écrit: «Toute structure est une infrastructure, une micro-structure. D'une certaine manière elles [c.-à.-d. les structures] ne sont pas actuelles. Ce qui est actuel, c'est ce dans quoi la structure s'incarne ou plutôt ce qu'elle constitue en s'incarnant. Mais en elle-même, elle n'est ni actuelle ni fictive; ni réelle ni possible. (...) De la structure on dira: *réelle sans être actuelle, idéale sans être abstraite*»; p. 313: «(...) Lévi-Strauss présente souvent la structure comme une sorte de réservoir ou de répertoire idéal, où tout coexiste virtuellement (...)»; p. 314: «Nous devons donc distinguer la structure totale d'un domaine comme ensemble de coexistence virtuelle, et les sous-structures qui correspondent aux diverses actualisations dans le domaine.»

puisque l'homme est un être incarné, son agir requiert, outre l'adhérence absolue au Bien comme tel, des décisions particulières concernant la question de savoir comment le Bien se rend accessible dans telle ou telle situation particulière. L'adultère conduit-il ou non à mon plein épanouissement comme être humain? La foi en Jésus-Christ est-elle compatible ou non avec ma nature d'être rationnel? Les réponses que les hommes donnent à ces questions sont diverses, non pas parce que le Bien serait en soi fragmenté et relatif, mais parce que la manière dont la raison humaine monnaie le Bien absolu en des biens particuliers est susceptible d'erreurs. C'est qu'à la vérité, la raison humaine s'est toujours déjà «déformée», car «il n'y a personne en cette vie qui n'ait pas quelque défaut»[3]. Puisque tout le monde, soit souffre de quelque «défaut» dans sa nature, lequel influe sur ses jugements rationnels, soit s'adonne à de «mauvaises habitudes» (qui sont parfois celles de son pays ou même de son époque...) qui obscurcissent sa vision du Bien, la loi divine, qui nous permettrait d'agir en conformité absolue avec la vérité de notre propre nature en Dieu (*veritas rei*), nous reste cachée. Agir moralement, c'est donc l'effort de la conscience pour réduire la distance qui sépare la multiplicité de nos jugements moraux de l'unité de la loi divine; mais c'est aussi la reconnaissance qu'en dernière analyse, cet effort est voué à l'échec. L'homme, en acceptant la responsabilité ultime de *sa* conscience irréductiblement individuelle pour ses actions morales, reconnaît qu'en fin de compte, la rationalité de ses décisions morales reste fragmentée, car elle s'avère impuissante à parcourir la distance entre le Bien et les biens contingents.

---

[3] «(...) nullus est in hac vita qui non habeat aliquem defectum» (*S.T.* IIᵃ IIᵃᵉ, qu. 33, art. 4, ad 3; *Ed. leon.* VIII: 266).

En conclusion, l'être de l'étant se constitue, pour l'homme, dans l'espace qui s'ouvre entre, d'une part, l'aspiration de l'étant vers la transparence, l'immédiateté et la présence absolues de l'origine (qui s'est transformée en fin) et, d'autre part, l'impossibilité de rejoindre cette origine perdue, impossibilité qui est due au fait que l'étant dépend, dans son existence même, de la «refente» qui le sépare de son «futur antérieur»[4]. L'homme, qui est doué de la possibilité de réfléchir sur sa condition, c'est-à-dire de l'assumer consciemment, est l'étant qui est appelé à courir après son passé qui l'attend toujours déjà en Dieu, tout en reconnaissant l'impossibilité de cette démarche. — Pourtant, pourquoi impossibilité? La béatitude ne représente-t-elle pas l'accomplissement total de l'homme, son union avec Dieu, qui détient sa vérité la plus parfaite? Certes. Cependant, nous avons vu aussi que la béatitude n'implique nullement l'abolition de toute distance entre l'homme et Dieu, pas plus que la notion de création ne permet d'envisager la transition du non-être de la créature à son existence, c'est-à-dire l'émergence primordiale de l'être de l'étant à partir de l'être divin. Autrement dit, la division qui s'est instaurée entre l'être divin et l'être des étants reste, pour nous, irréductible. Et, partant, «Pourquoy il y a plustôt quelque chose que rien?»[5], cette «première de toutes les questions»[6], doit rester sans réponse.

Essayons de résumer dans un diagramme ce que nous venons de dire au sujet de la structure de l'être de l'étant:

---

[4] L'expression «futur antérieur» est de Lacan. Cfr M.C. TAYLOR, *Altarity* [sic] (1987), p. 95.

[5] G.W. LEIBNIZ, *Principes de la Nature et de la Grace [sic], fondés en raison*, in: *Die philosophischen Schriften von Gottfried Wilhelm Leibniz*, éd. C.J. GERHARDT, t. 6 (1965), p. 602.

[6] M. HEIDEGGER, *Introduction à la métaphysique* (1967), p. 13.

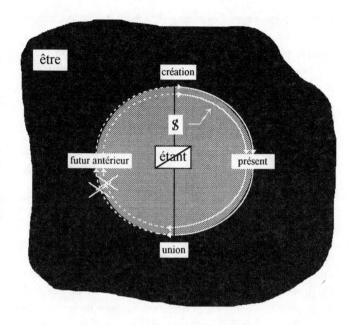

Il y a une «clairière» dans l'être: c'est l'espace où gît l'être de l'étant. S'il faut admettre que nous ne savons pas pourquoi l'être s'est différencié pour faire place à cet espace où une autonomie relative, mais réelle, peut se déployer, nous n'en pouvons pas moins décrire les traits principaux qui caractérisent la structure de l'être de l'étant. De fait, l'existence même de l'étant tient à son imperfection, c'est-à-dire qu'elle tient au fait que l'être de l'étant est essentiellement *divisé*[7]. Car l'étant est *créé*, avec comme conséquence que son être même — qui est ce qu'il y a de plus fondamental en lui et qui est, en un sens, tout ce qu'est l'étant — dépend d'un «autre». Et puisque l'étant ne saurait jamais «rattraper» cette hétéronomie originaire, il reste pour ainsi dire extérieur à lui-même, extérieur à ce qu'il est «en soi».

D'autre part, toute l'existence de l'étant trouve sa raison d'être dans un mouvement dans lequel l'étant cherche à devenir pleinement lui-même, en courant après son passé qui se représente à lui comme son futur. Cependant, ce «futur antérieur» reste barré et inaccessible — et doit l'être: car la clôture du cercle équivaudrait à la clôture de la «clairière» elle-même. Autre conséquence paradoxale du mouvement de l'étant vers l'union avec son origine: en s'efforçant de s'unifier, de surmonter sa division, bref: de devenir *un*, l'étant doit se rendre *multiple*, en s'extériorisant dans des effets, accidents, propriétés…. En effet, l'intériorisation (ou l'unification) se réalise par la voie de l'extériorisation. Finalement, la structure de l'être de l'étant en général, d'une part, et celle du sujet humain, d'autre part, sont solidaires. C'est que l'être de l'homme aussi est un être «divisé»[8]; car, en un sens, le seul but de l'homme dans sa vie présente est de se souvenir de son passé — c'est son seul futur. Plus concrètement, l'homme a la tâche de surmonter la mise à l'ombre de l'intellect par la raison, pour entendre la voix de l'être divin qui parle en lui. Cependant, si l'homme pouvait surmonter cette mise à l'ombre parfaitement, s'il pouvait se rendre dans la présence totale de la lumière divine, ou entendre la pure voix de Dieu sans la médiation du langage de la raison, alors il devrait disparaître en tant qu'homme[9].

[7] C'est pourquoi «étant» est barré dans notre diagramme.

[8] C'est pourquoi nous notons, avec Lacan, le sujet comme «sujet barré» ($).

[9] En effet, la pure voix de Dieu, non médiatisée par l'ordre symbolique du langage, rend l'homme déraisonnable et détruit ainsi son humanité. C'est dans ce sens que P. Moyaert interprète le récit biblique du sacrifice d'Abraham: «Wie in de nabijheid van de absolute Ander aan gene zijde van de wet komt, komt onvermijdelijk in de nabijheid van bestialiteiten en mensonwaardige slachtpartijen» (*Ethiek en sublimatie* [1994], p. 144).

La clôture du cercle

Nous venons de voir que la clôture du cercle revêt un caractère ambigu, à la fois désirable et redoutable. Elle est, en effet, en même temps la perfection que l'étant cherche et sa ruine. Bref, la clôture du cercle est la «fin» de l'être de l'étant, dans le double sens que nous avons rencontré dès le début de cet ouvrage.

Néanmoins, il n'est pas interdit de se poser la question de savoir quelle serait la structure — hypothétique — d'un cercle clos, autrement dit, quelle serait la structure d'un être non divisé, totalement transparent à soi, où il n'y aurait pas de distinction du présent, du futur et du passé, mais seulement l'instant d'une présence absolue. Or, un tel cercle aurait-il encore une quelconque «structure»? Toute structure ne présuppose-t-elle pas justement une multiplicité de parties divisées les unes des autres? N'est-ce pas cela le sens même de l'être de l'étant, qui n'a d'identité — qui n'est *un* — qu'en étant, en même temps, *autre* qu'un autre? Et n'est-ce pas pour la même raison que Dieu, qui est «autrement autre» que les étants — qui est autre qu'eux précisément en étant le même qu'eux —, nous apparaît, à la limite, comme un «non-être» dont la compréhension est au-dessus de notre intellect?[10]

Si, avec cette affirmation du «non-être» de Dieu, la philosophie atteint ses limites, la théologie chrétienne nous enseigne qu'il y a une altérité qui ne contredit pas l'identité (en la fondant); autrement dit, qu'il existe une altérité qui n'est point la «négation» de l'identité — avec toutes les conséquences que cela entraîne pour la structure de l'être créé —, mais qui *est* plutôt l'essence de l'identité même. Car, du point de vue théologique, l'identité du Dieu *un*

---

[10] Cfr surtout chapitre III, T46 et T47.

consiste en ce qu'Il est *trine*; son identité de Dieu est d'être trois personnes distinctes.

Voyons les choses de plus près[11]. En Dieu, qui est l'être — l'être auquel rien ne saurait être extérieur —, il ne peut pas y avoir une sortie de soi qui éloignerait Dieu de Lui-même[12]. C'est pourquoi

> (T75) les opérations dont s'ensuivent lesdits rapports
> sont la substance même de Dieu[13].

Il y a alors des «opérations» en Dieu, qui se confondent avec sa substance. En d'autres termes, l'être divin n'est point un être statique; tout au contraire, Dieu n'est, en sa substance même, rien d'autre qu'«opération», activité. Cependant, quelles sont les «opérations» auxquelles notre bref extrait fait allusion? Et en quoi ces opérations fondent-elles des «rapports»?

Commençons par la première question. La présence de Dieu à soi est une présence sans ombre et sans absence. Mais elle n'est pas pour autant une présence non médiatisée[14]. En effet, l'enseignement principal de la théologie trinitaire pour l'ontologie est celui-ci: *toute présence est représentation*; le même appelle l'«autre» pour se présenter, même pour se présenter à soi. Lisons à ce propos le texte suivant:

> (T76) En effet, par la Sagesse de Dieu, les mystères
> des choses divines (*abscondita divinorum*) sont
> manifestés et les œuvres des créatures (*opera*

---

[11] Sur la théologie trinitaire de saint Thomas, on pourra lire A. KREMPEL, *La doctrine de la relation chez saint Thomas* (1952), pp. 537-553 et P. VANIER S.J., *Théologie trinitaire chez saint Thomas d'Aquin* (1953).

[12] Cfr surtout chapitre IV, p. 135.

[13] «(…) operationes ad quas consequntur dicte relationes sunt ipsa Dei substantia» (*Compendium theologiae*, lib. I, cap. 54; *Ed. leon.* XLII: 98).

[14] Cfr chapitre IV, p. 134.

creaturarum) sont effectuées; et non seulement effectuées, mais réparées et achevées — et ceci, dis-je, par cette perfection en raison de laquelle chaque chose est dite être parfaite, dans la mesure où elle atteint sa propre fin. Or, le fait que la manifestation des choses divines appartient à la Sagesse de Dieu est évident par cela que Dieu Lui-même se connaît pleinement et parfaitement Lui-même par sa Sagesse. C'est pourquoi, si nous connaissons quelque chose de Dieu, cette connaissance dérive nécessairement d'elle, puisque toute chose imparfaite tire son origine du parfait: (...). Or, l'on trouve que cette manifestation est particulièrement l'œuvre du Fils (*specialiter per Filium facta*), car c'est Lui qui est le Verbe du Père (selon ce qui est dit en Jean 1). D'où c'est à Lui que convient la manifestation du Père parlant (*dicentis Patris*) et de la Trinité tout entière[15].

«Dieu Lui-même se connaît pleinement et parfaitement Lui-même par sa Sagesse», c'est-à-dire par le Verbe qu'Il profère. En d'autres termes, Dieu Lui-même doit s'extérioriser pour se connaître, voire pour *être* Lui-même, pour être Dieu — car que serait un Dieu qui ne se connaîtrait pas Lui-même? Que cet acte d'extériorisation n'éloigne pourtant pas Dieu de Lui-même, c'est ce qui ressort de la carac-

---

[15] «Per sapientiam enim Dei manifestantur divinorum abscondita, producuntur creaturarum opera, nec tantum producuntur, sed etiam restaurantur et perficiuntur: illa, dico, perfectione qua unumquodque perfectum dicitur, prout proprium finem attingit. Quod autem manifestatio divinorum pertineat ad Dei Sapientiam, patet ex eo quod ipse Deus per suam sapientiam seipsum plene et perfecte cognoscit. Unde si quid de ipso cognoscimus oportet quod ex eo [*nous lisons:* ex ea] derivetur, quia omne imperfectum a perfecto trahit originem: (...). Haec autem manifestatio specialiter per Filium facta invenitur: ipse enium est Verbum Patris, secundum quod dicitur Joan. 1; unde sibi manifestatio dicentis Patris convenit et totius Trinitatis» (*In Sent.*, lib. I, prologus S. Thomae).

térisation que saint Thomas donne de l'auto-connaissance divine. En effet, au dire de l'Aquinate, il s'agit d'une connaissance «pleine et parfaite», qui ne comporte aucun élément d'aliénation ou d'obscurcissement. Dieu, en se disant, s'est toujours déjà trouvé dans sa Parole, parce que l'«autre» qui Le représente à Lui-même ne saurait être différent de Lui…

Soit dit en passant, le texte que nous sommes en train de lire insinue une continuité de perspective qui relie l'extériorisation de Dieu dans le Verbe à la création: car saint Thomas écrit que, «si nous connaissons quelque chose de Dieu, cette connaissance dérive nécessairement d'elle [c.-à-d. de la Sagesse], puisque toute chose imparfaite tire son origine du parfait». La vie trinitaire constitue ainsi le premier pas de l'autodifférenciation de l'être divin, laquelle se continue dans la création. En effet,

> (T77) de la même manière que la procession temporelle n'est pas essentiellement autre que la procession éternelle, mais y ajoute une sorte de rapport à l'effet temporel, ainsi la mission visible de l'Esprit saint n'est pas essentiellement autre que sa mission invisible, mais y ajoute seulement l'aspect d'une manifestation par un signe visible[16].

Faisons abstraction pour l'instant de l'autodifférenciation de Dieu dans l'Esprit saint, dont nous reparlerons. Le présent extrait confirme que la vie trinitaire et la création constituent deux aspects intimement liés de l'autodifférenciation de Dieu. À vrai dire, l'extrait va encore plus loin, en affir-

---

[16] «(…) sicut processio temporalis non est alia quam processio aeterna essentialiter, sed addid aliquem respectum ad effectum temporalem; ita etiam missio visibilis non est alia essentialiter ab invisibili missione Spiritus sancti, sed addit solam rationem manifestationis per visibile signum» (*In Sent.*, lib. I, dist. 16, qu. 1, art. 1, c).

mant que la «procession éternelle», c'est-à-dire la sortie de soi de Dieu dans la Trinité, n'est pas essentiellement différente de la création. La seule différence entre les deux semble revenir à ceci, que la manifestation de Dieu à Lui-même dans la Trinité est invisible, tandis que cette même manifestation dans la création est matérielle et, dès lors, visible[17]. Ajoutons que la manifestation de Dieu à Lui-même prend la forme d'une différenciation d'une seule et même essence à l'intérieur d'elle-même, alors que la révélation de Dieu dans la créature donne lieu à une pluralité d'essences. Dans la Trinité, l'être n'est pas encore «contracté»[18].

Nous sommes déjà en train de parler de la Trinité, tandis que jusqu'ici, nous avons seulement vu comment Dieu devient transparent à soi en se disant dans un «autre» que saint Thomas appelle, en suivant la tradition chrétienne, le «Verbe». Or, cette première «procession» ne constitue pas encore une trinité. Approfondissons donc notre analyse de la structure de l'être divin.

Nous avons dit ci-dessus qu'en Dieu, l'acte d'«extériorisation» qu'est l'énonciation du Verbe n'implique aucun

[17] D'après le P. Vanier, la continuité que saint Thomas pose entre la vie trinitaire et la création dans le *Commentaire sur les Sentences* serait une sorte de péché de jeunesse, qu'il aurait corrigé ultérieurement: car «nous savons (…) quel hiatus saint Thomas posera dans la *Somme* entre la création et la vie trinitaire» (*Théologie trinitaire chez saint Thomas d'Aquin* [1953], p. 109). D'après nous, la position thomiste concernant cette question n'a pas fondamentalement changé entre le *Commentaire sur les Sentences* et la *Somme*. Qu'il suffise de citer ici deux textes: «(…) persona procedens in divinis, procedit ut principium productionis creaturarum» (*S.T.* I^a, qu. 33, art. 3, ad 1; *Ed. leon.* IV: 361); «(…) processiones divinarum Personarum sunt causa creationis» (*S.T.* I^a, qu. 45, art. 6, ad 1; *Ed. leon.* IV: 474).

[18] Cfr *In Sent.*, lib. I, dist. 2, div. textus: «(…) exitus enim personarum in unitate essentiae, est causa exitus creaturarum in essentiae diversitate».

éloignement de soi, c'est-à-dire aucune division ou «refente» au sein du sujet divin. En Dieu, Je et moi coïncident[19]; l'extériorisation *est* intériorisation; dans l'acte même de devenir «autre» que soi, Dieu a toujours déjà fait retour sur soi. Autrement dit, en Dieu *circulus conclusus est*, «le cercle est clos»:

> (T78) En effet, Dieu, en se saisissant, conçoit son Verbe, qui est également le plan (*ratio*) de toutes les choses qu'Il saisit par Lui-même, puisqu'Il saisit tout en se saisissant Lui-même: et à partir de ce Verbe, Il arrive à l'amour de tout et de Lui-même. C'est pourquoi quelqu'un[20] a dit que «la monade a engendré une monade, et reflète en soi sa propre ardeur». Or, après que le cercle est clos, rien de plus ne saurait y être ajouté; et pour cette raison, une troisième procession ne peut s'ensuivre dans la nature divine, mais ultérieurement, une procession s'ensuit dans la nature extérieure[21].

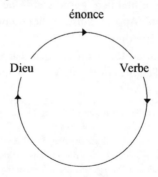

énonce

Dieu   Verbe

s'aime/«reflète en soi
sa propre ardeur»

---

[19] Cfr chapitre V, p. 141.

[20] C'est-à-dire Hermès Trismégiste, divinité égyptienne sous le nom de laquelle circulait dans l'antiquité et au moyen âge une collection de traités éclectiques.

[21] «Nam Deus intelligendo se, concipit verbum suum, quod est etiam ratio omnium intellectorum per ipsum, propter hoc quod omnia intelligit

Ce diagramme, bien qu'il résume correctement le texte n° 78, appelle encore des précisions. Tout d'abord, en quel sens peut-on dire, sans plus, que c'est «Dieu» qui énonce le Verbe et s'aime à travers lui? Car le Verbe ne relève-t-il pas aussi de l'essence de Dieu? Nous devrons peut-être aller dans le sens du texte n° 76, dans lequel le Docteur angélique semble vouloir poser une distinction entre «Dieu» tout court et ce qu'il y appelle le «Père parlant». De surcroît, dans notre tentative pour élucider la Trinité, nous ne disposons pas encore d'une notion de l'Esprit saint.

Les personnes divines comme «rapports subsistants»

Nous avons déjà découvert que Dieu entretient un double rapport avec Lui-même: Il *se* dit et, en se disant, Il retourne sur *soi*. Il s'agit d'un *double* rapport, puisque, dans l'ordre logique, l'acte de dire précède l'acte de retour: en effet, Dieu ne peut faire retour sur soi qu'en tant qu'Il se connaît. Ce retour peut alors être décrit comme un rapport d'amour, car ce dernier présuppose une connaissance de soi[22]. Plusieurs rapports intra-divins se dégagent de cette analyse[23]:

1° Dieu en tant qu'Il se dit se rapporte à Lui-même en tant que «dit»;

2° Dieu en tant que «dit» se rapporte à l'origine du dire;

intelligendo seipsum: et ex hoc verbo procedit in amorem omnium et sui ipsius. Unde dixit quidam, quod *monas monadem genuit, et in se suum reflectit ardorem.* Postquam vero circulus conclusus est, nihil ultra addi potest; et ideo non potest sequi tertia processio in natura divina, sed sequitur ulterius processio in exteriorem naturam» (*Qu. disp. de potentia,* qu. 9, art. 9, c). Cfr aussi *ibid.*, ad 15: «(…) inter omnes lineas linea circularis est perfectior, quod non recipit additionem. Unde hoc ipsum ad perfectionem Spiritus Sancti pertinet quod sua processione quasi quemdam circulum divinae originis concludit, ut ultra iam addi non possit, sicut supra iam ostensum est.»

3° Dieu en tant qu'Il se dit se rapporte, à travers Dieu en tant que «dit», à Dieu en tant qu'aimé — c'est-à-dire à Lui-même qu'en tant qu'objet du retour —;

4° Dieu en tant qu'aimé se rapporte, à travers Dieu en tant que «dit», à Dieu en tant qu'Il se dit.

Ces quatre rapports portent les noms respectivement de *Paternitas* (1°), *Filiatio* (2°), *Communis Spiratio* (3°) et *Processio* (4°)[24].

En Dieu, il n'y a pas, comme dans la création, une tension entre le même et l'autre, ou entre l'identité et la différence. Dieu se reconnaît «pleinement et parfaitement» dans le Verbe (voir ci-dessus, T76), puisqu'en «sortant» de soi, Il ne rencontre rien qui saurait Lui être extérieur. L'identité essentielle de l'être divin ne se constitue dès lors pas, comme l'identité de l'être créé, dans une constante oscillation entre un principe d'être stable et statique, d'une part, et, d'autre part, un mouvement de devenir, qui met l'étant en rapport avec l'«autre». C'est pour cette raison qu'en Dieu, substance et relations se confondent: la substance de Dieu n'est nullement «en retrait»[25] par rapport aux relations qui relient cette substance à son «autre» intérieur; au contraire, cette substance se réalise pleinement dans ses rapports. Lisons ce que saint Thomas écrit à ce propos dans un texte clé de la *Somme théologique*:

> (T79) Or, tout ce qui possède dans les choses créées un être accidentel, possède un être substantiel en

[22] Cfr *S.T.* Iᵃ, qu. 27, art. 3, ad 3.

[23] Cfr A. KREMPEL, *La doctrine de la relation chez saint Thomas* (1952), p. 549.

[24] Cfr *In Sent.*, lib. I, dist. 26, qu. 2, art. 3, c: «Harum etiam notionum quatuor sunt tantum relationes, scilicet paternitas, filiatio, processio, communis spiratio».

[25] Cfr chapitre V, p. 141.

tant qu'on le transfère en Dieu. Car rien n'existe en
Dieu comme accident d'une substance; par contre,
tout ce qui est en Dieu est son essence. Ainsi donc,
du fait même que le rapport possède dans les choses
créées un être accidentel dans un sujet, le rapport
qui existe réellement en Dieu possède l'être de
l'essence divine, étant tout à fait le même qu'elle.
Mais par le fait qu'on appelle le rapport *ad aliquid*
[«vers quelque chose»], on ne signifie aucun rapport
(*habitudo*) à l'essence, mais plutôt à son opposé [c.-
à.-d. à l'autre terme de la relation]. Ainsi il est
manifeste que le rapport qui existe réellement en
Dieu est la même chose que l'essence ontologiquement (*secundum rem*), et n'en diffère que selon le
concept de l'intelligence, dans la mesure où dans le
rapport on fait référence à son opposé, auquel on ne
fait pas référence dans le nom de l'essence. Il appert
alors qu'en Dieu, l'être du rapport n'est pas autre
que l'être de l'essence, mais qu'ils sont une seule et
même chose[26].

En Dieu, les rapports réels[27] *subsistent*, c'est-à-dire qu'ils
relèvent de l'être divin lui-même, ne s'y ajoutant pas à

[26] «Quidquid autem in rebus creatis habet esse accidentale, secundum
quod transfertur in Deum, habet esse substantiale: nihil enim est in Deo
ut accidens in subiecto, sed quidquid est in Deo, est eius essentia. Sic igitur ex ea parte qua relatio in rebus creatis habet esse accidentale in
subiecto, relatio realiter existens in Deo habet esse essentiae divinae, idem
omnino ei existens. In hoc vero quod ad aliquid dicitur, non significatur
aliqua habitudo ad essentiam, sed magis ad suum oppositum. Et sic manifestum est quod relatio realiter existens in Deo, est idem essentiae secundum rem; et non differt nisi secundum intelligentiae rationem, prout in
relatione importatur respectus ad suum oppositum, qui non importatur
in nomine essentiae. Patet ergo quod in Deo non est aliud esse relationis
et esse essentiae, sed unum et idem» (*S. T.* Iᵃ, qu. 28, art. 2, c; *Ed. leon.* IV:
321).

[27] Rappelons que le rapport entre Dieu et la création n'est pas un rapport
réellement existant en Dieu (cfr chapitre III, T43).

l'instar de quelque accident. C'est à cause de cette qualité substantielle des rapports intra-divins que ces derniers peuvent d'eux-mêmes fonder des personnes. Autrement dit, les rapports qui différencient intérieurement l'essence divine donnent lieu à l'existence d'un nombre correspondant d'êtres personnels à l'intérieur de l'essence:

> (T80) Or ainsi les rapports ou propriétés distinguent ou constituent les hypostases ou personnes, en tant qu'ils sont les personnes subsistantes elles-mêmes. C'est comme cela que la paternité *est* le Père et que la filiation *est* le Fils[28].

Aucun conflit, en Dieu, entre le lien qui met une personne en rapport avec une autre, et l'être de cette personne «en-soi»! Le Père ne possède aucune identité outre son rapport au Fils; et le Fils, lui, n'est pas une personne dont l'identité serait d'une quelconque manière séparable de sa relation au Père. En Dieu, ce qui constitue les personnes n'est pas, comme dans la création, une dialectique non résolue entre l'identité et la différence, mais plutôt le don total du Père aux autres personnes, d'une part, et, d'autre part, l'ouverture totale des autres personnes à ce don sans retrait. En Dieu, il n'y a aucune fixation imaginaire, qui ferait en sorte que chacune des personnes devrait s'accrocher à une identité statique et figée, pour la défendre contre les intrusions des autres. En Dieu, il n'y a que le «symbolique», que le jeu de la différence[29].

---

[28] «Sic autem relationes vel proprietates distinguunt vel constituunt hypostases vel personas, inquantum sunt ipsae personae subsistentes; sicut paternitas est Pater, et filiatio est Filius» (*S. T.* Iª, qu. 40, art. 2, c; *Ed. leon.* IV: 413).

[29] Tout un travail reste à faire pour incorporer l'apport de la psychanalyse dans la philosophie et la théologie contemporaines. Il est donc clair que

Reste seulement à savoir pourquoi il n'y a pas quatre personnes divines, correspondant aux quatre rapports que notre analyse a découverts en Dieu. À cette question, l'Aquinate répond qu'il est impossible de distinguer la *Communis Spiratio* (c'est-à-dire le rapport entre Dieu en tant qu'Il se dit et Dieu en tant qu'aimé, rapport qui se réalise à travers Dieu en tant que «dit»), soit de la *Paternitas*, soit de la *Filiatio*. Car pour distinguer une chose d'une autre en Dieu, il faut trouver une opposition entre les deux. Or, la *Communis Spiratio* ne s'oppose ni à la *Paternitas*, ni à la *Filiatio*, mais plutôt en découle[30]. En revanche, la *Processio* s'oppose à la *Communis Spiratio* (dont elle est l'inverse), et ainsi constitue-t-elle la personne de l'Esprit saint[31].

Arrêtons-nous ici, car le mystère de la Trinité ne se laisse pas rendre pleinement transparent par la raison. En présence d'une identité qui est différence et d'une différence

---

l'application de termes psychanalytiques au mystère de la Trinité, quoiqu'elle pourrait s'avérer éclairante, ne va pas sans problèmes — n'en mentionnons que deux: 1° le symbolique est indissociable, chez Lacan, d'un manque qui, symbolisé par l'«objet a», circule dans le système symbolique en le constituant; 2° dans la théorie lacanienne, l'imaginaire et le symbolique sont pensés comme étant strictement complémentaires, comme le montre le fameux «nœud borroméen». Pour une définition concise d'«imaginaire» et de «symbolique» (et de bien d'autres concepts clés de la psychanalyse), on pourra se référer à R. CHEMAMA (éd.), *Dictionnaire de la psychanalyse* (1993).

[30] Cfr *In Sent.*, lib. I, dist. 26, qu. 2, art. 3, ad 6: «(…) communis spiratio est subsistens, non tamen est alia res subsistens quam paternitas et filiatio, quia non habent oppositionem ad eam: unde in una re subsistente cum utroque esse potest. Nec tamen constituit personam in qua est, quia praesupponit secundum ordinem naturae paternitatem et filiationem (…)».

[31] Cfr *S.T.* Iª, qu. 30, art. 2, c et ad 1; *Compendium theologiae*, lib. I, cap. 60.

qui est identité, la raison défaille — nous le savons depuis le
début du présent ouvrage. Et

> ainsi son enseignement, qui commence par Dieu,
> s'achève-t-il aussi en Dieu, qui est le principe à par-
> tir duquel et la fin vers laquelle toutes choses sont
> ordonnées, et à qui appartiennent l'honneur et la
> gloire dans les siècles des siècles. Amen[32].

---

[32] «(…) ut sic a Deo incipiens ejus doctrina, etiam terminetur in Deo,
qui est principium a quo omnia, et finis ad quem omnia ordinantur; cui
est honor et gloria in saecula saeculorum. Amen» (*In Sent.*, lib. IV, dist.
50, expos. text.).

BIBLIOGRAPHIE

Œuvres de saint Thomas d'Aquin

Nous citons les œuvres de saint Thomas d'après le texte de l'édition léonine:

SANCTI THOMAE AQUINATIS DOCTORIS ANGELICI *Opera omnia*, iussu impensaque Leonis XIII. P.M. Rome, ex typographia polyglotta S.C. de Propaganda Fide, 1882 sqq. (Les données bibliographiques ont changé dans les volumes plus récents.)

Pour les œuvres qui n'ont pas encore paru dans l'édition léonine, nous utilisons les textes édités chez Marietti; pour le *Commentaire sur les Sentences*, qui n'existe ni dans l'édition léonine ni chez Marietti, nous nous référons à l'ancienne édition de Parme:

S. THOMAE AQUINATIS DOCTORIS ANGELICI O.P.

— *In duodecim libros Metaphysicorum Aristotelis expositio*, éd. M.-R. CATHALA O.P./R. SPIAZZI O.P. Turin/Rome, Marietti, 1964;

— *In librum De causis expositio*, éd. C. PERA O.P. Turin/Rome, Marietti, 2ᵉ éd., 1972 (réimpr. 1986);

— *In librum beati Dionysii De divinis nominibus expositio*, éd. C. PERA O.P. Turin/Rome, Marietti, 1950 (réimpr. 1986);

— *Opuscula theologica*, vol. 2, éd. R. SPIAZZI O.P./M. CALCATERRRA O.P. Turin/Rome, Marietti, 2ᵉ éd., 1972*;

— *Quaestiones disputatae*, vol. 2: *De potentia, De anima, De spiritualibus creaturis*, etc., éd. P. BAZZI O.P. *et al.* Turin/Rome, Marietti, 10ᵉ éd., 1965;

— *Quaestiones quodlibetales*, éd. R. SPIAZZI O.P. Turin/Rome, Marietti, 9ᵉ éd., 1956;

— *Super evangelium S. Ioannis lectura*, éd. R. CAI O.P. Turin/Rome, Marietti, 5ᵉ éd., 1952.

---

* *In symbolum Apostolorum, scilicet «Credo in Deum» expositio*: pp. 191-217; *In orationem dominicam, videlicet «Pater noster» expositio*: pp. 219-235.

SANCTI THOMAE AQUINATIS (...) *Commentum in quatuor libros Sententiarum Magistri Petri Lombardi*, in: SANCTI THOMAE AQUINATIS (...) *Opera omnia*, vol. VI-VII,1/2. Parme, Typis Petri Fiaccadori, 1856-58.

Instruments de travail

PIERRE DE BERGAMO, *In opera Sancti Thomae Aquinatis Index seu Tabula aurea*. Alba/Rome, Editiones Paulinae, 1960.

SCHÜTZ, L., *Thomas-Lexikon. Sammlung, Übersetzung und Erklärung der in sämtlichen Werken des h. Thomas von Aquin vorkommenden Kunstausdrücke und wissenschaftlichen Aussprüche*. Paderborn, Schöningh, 2ᵉ éd., 1895.

Thomæ Aquinatis Opera Omnia cum hypertextibus in CD-ROM auctore R. BUSA S.J. Milan, Editoria Elettronica Editel, 1992.

D'autres auteurs et littérature secondaire

Le Petit Robert 1. Paris, Le Robert, 1990.

S. ANSELMI CANTUARIENSIS ARCHIEPISCOPI *Opera Omnia*, éd. F.S. SCHMITT O.S.B. 5 vol. Édimbourg, Nelson, 1946-1951.

ARISTOTE, *De l'âme*. Texte établi par A. JANNONE. Traduction et notes de E. BARBOTIN (Collection des universités de France). Paris, Les Belles Lettres, 1966.

ARISTOTE, *La Métaphysique*. Nouvelle édition, entièrement refondue, avec commentaire par J. TRICOT (Bibliothèque des textes philosophiques). Paris, Vrin, 1953.

AUBENQUE, P. (éd.), *Études sur Parménide*, vol. 1: *Le poème de Parménide*. Texte, traduction, essai critique par D. O'BRIEN en collaboration avec J. FRÈRE (Bibliothèque d'histoire de la philosophie). Paris, Vrin, 1987.

BAAS, B., *Le désir pur. Parcours philosophiques dans les parages de J. Lacan*. Louvain, Peeters, 1992.

BALLEW, L., *Straight and Circular in Parmenides and the «Timaeus»*, in: *Phronesis*, 19 (1974), pp. 189-209.

BALLEW, L., *Straight and Circular. A Study of Imagery in Greek Philosophy*. Assen, Van Gorcum, 1979.

BLAIS, M., *L'autre Thomas d'Aquin*. [s.l.], Éd. du Boréal, 1990.

BASTIT, M., *Naissance de la loi moderne. La pensée de la loi de saint Thomas à Suarez* (Léviathan). Paris, Presses Universitaires de France, 1990.

BATAILLE, G., *L'Érotisme* (Arguments). Paris, Éd. de Minuit, 1957.

BERGER, H., *Graden van emanatie, van leven en van zelfreflectie*, in: R.A. TE VELDE (éd.), *Vruchtbaar woord. Wijsgerige beschouwingen bij een theologische tekst van Thomas van Aquino* (Wijsgerige Verkenningen, 9). Louvain, Universitaire Pers Leuven, 1990, pp. 47-60.

BLANCHE, F.-A., *Le vocabulaire de l'argumentation et la structure de l'article dans les ouvrages de S. Thomas*, in: *Revue des sciences philosophiques et théologiques*, 14 (1925), pp. 167-187.

BOÈCE, *Liber de persona et duabus naturis*, in: *Patrologia latina*, éd. J.-P. MIGNE, vol. 64. Paris, Migne, 1847, col. 1337-1354.

BONITZ, H., *Index Aristotelicus*. Berlin, G. Reimer, 1870; réimprimé: Graz, Akademische Druck- und Verlagsanstalt, 1955.

BOSWELL, J., *Christianity, Social Tolerance, and Homosexuality. Gay People in Western Europe from the Beginning of the Christian Era to the Fourteenth Century*. Chicago/Londres, University of Chicago Press, 1980.

BRENTANO, F., *Aristoteles und seine Weltanschauung*. Leipzig, Quelle & Meyer, 1911 (réimprimé dans la collection *Philosophische Bibliothek* [vol. 303], Hambourg, Meiner, 1977).

BRETON, S., *La déduction thomiste des catégories*, in: *Revue philosophique de Louvain*, 60 (1962), pp. 5-32.

BRETON, S., *Essence et existence* (Initiation philosophique). Paris, Presses Universitaires de France, 1962.

CAPUTO, J.D., *Heidegger and Aquinas. An Essay on Overcoming Metaphysics*. New York, Fordham University Press, 1982.

CARABINE, D., *The Unknown God. Negative Theology in the Platonic Tradition* (Louvain Theological & Pastoral Monographs, 19). Louvain, Peeters, 1995.

CASEY, G.N., *Angelic Interiority*, in: *Irish Philosophical Journal*, 6 (1989), pp. 82-118.

CASSIRER, E., *La philosophie des formes symboliques*. 3 vol. Trad. par O. HANSEN-LOVE, J. LACOSTE et C. FRONTY (Le sens commun). Paris, Éd. de Minuit, 1972.

CASSIRER, E., *Essai sur l'homme*, trad. N. MASSA. Paris, Éd. de Minuit, 1975.

CHEMAMA, R. (éd.), *Dictionnaire de la psychanalyse. Dictionnaire actuel des signifiants, concepts et mathèmes de la psychanalyse* (Références Larousse — Sciences de l'homme). Paris, Larousse, 1993.

CHENU, M.-D., O.P., *Introduction à l'étude de saint Thomas d'Aquin* (Université de Montréal, Publications de l'Institut d'études

214 BIBLIOGRAPHIE

médiévales, 11). Montréal: Institut d'études médiévales; Paris: Vrin, 1984 (4ᵉ réimpression).

CORBIN, M., S.J., *Le chemin de la théologie chez Thomas d'Aquin* (Bibliothèque des Archives de philosophie, N.S. 16). Paris, Beauchesne, 1974.

DE FINANCE, J., S.J., *Être et agir dans la philosophie de saint Thomas.* Rome, Presses de l'Université Grégorienne, 3ᵉ éd., 1965.

DE FINANCE, J., S.J., *De l'un et de l'autre. Essai sur l'altérité.* Rome, Editrice Pontificia Università Gregoriana, 1993.

DE KONINCK, T., *La «Pensée de la Pensée» chez Aristote*, in: T. DE KONINCK/G. PLANTY-BONJOUR (éds), *La question de Dieu selon Aristote et Hegel.* Paris, Presses Universitaires de France, 1991, pp. 69-151.

DELEUZE, G., *À quoi reconnaît-on le structuralisme?*, in: F. CHATELET (éd.), *Histoire de la philosophie: Idées, doctrines. Le XXᵉ siècle.* Paris, Hachette-Littérature, 1973, pp. 299-335.

DE LIBERA, A., *Les études de philosophie médiévale en France d'Étienne Gilson à nos jours*, in: R. IMBACH/A. MAIERÙ (éds), *Gli studi di filosofia medievale fra Otto e Novecento. Contributo a un bilancio storiografico* (Storia e Letteratura. Raccolta di studi e testi, 179). Rome, Edizioni di Storia e Letteratura, 1991, pp. 21-50.

DE RAEYMAEKER, L., *Philosophie de l'être. Essai de synthèse métaphysique* (Bibliothèque philosophique de Louvain, 1). Louvain, Nauwelaerts; Paris, Béatrice-Nauwelaerts, 3ᵉ éd., 1970.

DE WAELHENS, A., *La philosophie et les expériences naturelles* (Phaenomenologica, 9). La Haye, Nijhoff, 1961.

DE WULF, M., *Y eut-il une philosophie scolastique au moyen âge?*, in: *Revue néo-scolastique de philosophie*, 29 (1927), pp. 5-27.

DIELS, H. (éd.), *Parmenides: Lehrgedicht.* Berlin, Reimer, 1897.

FABRO, C., C.P.S., *Participation et causalité selon S. Thomas d'Aquin* (Chaire Cardinal Mercier, 2). Louvain, Publications universitaires; Paris, Béatrice-Nauwelaerts, 1961.

FETZ, R.L., *Ontologie der Innerlichkeit. «Reditio completa» und «processio interior» bei Thomas von Aquin* (Studia friburgensia, 52). Fribourg (Suisse), Universitätsverlag, 1975.

FOUCAULT, M., *Dits et écrits, 1954-1988* (Bibliothèque des sciences humaines). Paris, Gallimard, 1994.

FRANK, E., *Das Problem des Lebens bei Hegel und Aristoteles*, in: *Deutsche Vierteljahrsschrift für Literaturwissenschaft und Geistesgeschichte*, 5 (1927), pp. 609-643.

GEIGER, L.-B., O.P., *La participation dans la philosophie de S. Thomas d'Aquin* (Bibliothèque thomiste, 23). Paris, Vrin, 1942.

GÉRARD, G., *Contribution au problème du lien onto-théologique dans la démarche métaphysique de S. Thomas d'Aquin*, in: *Revue philosophique de Louvain*, 92 (1994), pp. 184-210.

GILSON, É., *Le thomisme. Introduction au système de S. Thomas d'Aquin.* Strasbourg, A. Vix & Cⁱᵉ, 1920.

GILSON, É., *Le thomisme. Introduction à la philosophie de saint Thomas d'Aquin* (Études de philosophie médiévale, 1). Paris, Vrin, 4ᵉ éd., 1942.

GILSON, É., *L'esprit de la philosophie médiévale* (Études de philosophie médiévale, 33). Paris, Vrin, 2ᵉ éd., 5ᵉ réimpr., 1989.

GRABMANN, M., *Die Geschichte der scholastischen Methode*, t. 1: *Die scholastische Methode von ihren ersten Anfängen in der Väterliteratur bis zum Beginn des 12. Jahrhunderts.* T. 2: *Die scholastische Methode im 12. und beginnenden 13. Jahrhundert.* Fribourg en Brisgau, Herder, 1909/1911 (dernière réimpr.: Berlin, Akademie-Verlag, 1988).

GRABMANN, M., *Der hl. Thomas von Aquin im Werturteil der modernen Wissenschaft*, in: *Theologie und Glaube*, 5 (1913), pp. 809-824.

GRABMANN, M., *Nature and Problems of the New Scholasticism in the Light of History*, in: J.S. ZYBURA (éd.), *Present-Day Thinkers and the New Scholasticism. An International Symposium.* Londres/St. Louis, Herder, 1926, pp. 129-160.

GUNTHÖR, A., O.S.B., *«Natur» im Naturgesetz nach Thomas von Aquin*, in: L.J. ELDERS S.V.D./K. HEDWIG (éds), *Lex et Libertas. Freedom and Law according to St Thomas Aquinas* (Studi tomistici, 30). Cité du Vatican, Pontificia Accademia di S. Tommaso e di Religione Cattolica, 1987, pp. 82-98.

HEGEL, G.W.F., *Phänomenologie des Geistes*, éd. W. Bonsiepen/R. Heede, in: *Gesammelte Werke*, t. 9. Hambourg, Meiner, 1980.

HEIDEGGER, M., *Lettre sur l'humanisme*, trad. R. MUNIER (La philosophie en poche). Paris, Aubier-Montaigne, nouv. éd., 1966.

HEIDEGGER, M., *Introduction à la métaphysique*, trad. G. KAHN (Classiques de la philosophie). Paris, Gallimard, 1967.

HEIDEGGER, M., *La fin de la philosophie et la tâche de la pensée*, trad. J. BEAUFRET et F. FÉDIER, in: IDEM, *Questions IV* (Classiques de la philosophie). Paris, Gallimard, 1976, pp. 109-139.

HEIDEGGER, M., *Zur Sache des Denkens.* Tubingue, Niemeyer, 2ᵉ éd., 1976.

HEIDEGGER, M., *Sein und Zeit*. Tubingue, Niemeyer, 15ᵉ éd., 1979.

JAMESON, G., «*Well-rounded truth*» *and Circular Thought in Parmenides*, in: *Phronesis*, 3 (1958), pp. 15-30.

KAINZ, H.P., *Angelology, Metaphysics, and Intersubjectivity*, in: *Irish Philosophical Journal*, 6 (1989), pp. 119-132.

KREMPEL, A., *La doctrine de la relation chez saint Thomas. Exposé historique et systématique*. Paris, Vrin, 1952.

LACAN, J., *Écrits* (Le champ freudien). Paris, Éd. du Seuil, 1966.

LACAN, J., *Proposition du 9 octobre 1967 sur le psychanalyste de l'École*, in: *Scilicet*, 1 (1968), pp. 14-30.

LACAN, J., *Le Séminaire de Jacques Lacan*, éd. J.-A. MILLER. Livre XI: *Les quatre concepts fondamentaux de la psychanalyse* (Le champ freudien). Paris, Éd. du Seuil, 1973.

LACOUE-LABARTHE, PH./J.-L. NANCY, *Le titre de la lettre. Une lecture de Lacan* (La philosophie en effet). Paris, Galilée, 3ᵉ éd., 1991.

LAKEBRINK, B., *Hegels dialektische Ontologie und die thomistische Analektik*. Cologne, J.P. Bachem, 1955.

LÉONARD, A.-M., *Métaphysique*. Louvain-la-Neuve, Éditions du SIC, 2ᵉ éd., 1985 (texte dactylographié).

LÉONARD, A.-M., *Le fondement de la morale. Essai d'éthique philosophique générale* (Recherches morales, Synthèses, 15). Paris, Éd. du Cerf, 1991.

LEIBNIZ, G.W., *Principes de la Nature et de la Grace [sic], fondés en raison*, in: *Die philosophischen Schriften von Gottfried Wilhelm Leibniz*, éd. C.J. GERHARDT, t. 6 (Olms Paperbacks, 16). Hildesheim, G. Olms, 1965 [réimpr.], pp. 598-606.

LÉVESQUE, C., *Le proche et le lointain. Essais*. Montréal, VLB Éditeurs, 1994.

LOTTIN, O., O.S.B., *Pour un commentaire historique de la morale de saint Thomas d'Aquin*, in: *Recherches de théologie ancienne et médiévale*, 11 (1939), pp. 270-285.

LOTTIN, O., O.S.B., *Psychologie et morale aux XIIᵉ et XIIIᵉ siècles*, t. II: *Problèmes de morale*, 1ʳᵉ partie. Louvain, Abbaye du Mont César; Gembloux, Duculot, 1948.

LOTZ, J.B., S.J., *Martin Heidegger und Thomas von Aquin. Mensch — Zeit — Sein*. Pfullingen, Neske, 1975.

LYTTKENS, H., *The Analogy between God and the World. An Investigation of its Background and Interpretation of its Use by Thomas of Aquino* (Uppsala Universitets Årsskrift, 1953: 5). Uppsala, A.-B. Lundequistska Bokhandeln; Wiesbaden, Harrassowitz, 1953.

MacINTYRE, A., *Quelle justice? Quelle rationalité?* Trad. M. VIGNAUX D'HOLLANDE (Léviathan). Paris, Presses Universitaires de France, 1993.

MANSION, A., *Introduction à la physique aristotélicienne* (Aristote. Traductions et études). Louvain-la-Neuve, Éditions de l'Institut supérieur de philosophie, 2ᵉ éd., 2ᵉ réimpr., 1987.

MARION, J.-L., *Sur la théologie blanche de Descartes. Analogie, création des vérités éternelles et fondement* (Quadrige, 135). Paris, Presses Universitaires de France, 2ᵉ éd., 1991.

McEVOY, J., *Amitié, attirance et amour chez S. Thomas d'Aquin*, in: *Revue philosophique de Louvain*, 91 (1993), pp. 384-407.

MOYAERT, P., *Ethiek en sublimatie. Over «De ethiek van de psychoanalyse» van Jacques Lacan.* Nimègue, SUN, 1994.

OEHLER, K., *Der Consensus omnium als Kriterium der Wahrheit in der antiken Philosophie und der Patristik*, in: *Antike und Abendland*, 10 (1961), pp. 103-129 (réimpr. in IDEM, *Antike Philosophie und byzantinisches Mittelalter. Aufsätze zur Geschichte des griechischen Denkens.* Munich, Beck, 1969, pp. 234-271).

OEHLER, K., *Ein Mensch zeugt einen Menschen. Über den Mißbrauch der Sprachanalyse in der Aristotelesforschung* (Wissenschaft und Gegenwart, 27). Francfort sur le Main, Klostermann, 1963.

OEHLER, K., *Der Unbewegte Beweger des Aristoteles* (Philosophische Abhandlungen, 52). Francfort sur le Main, Klostermann, 1984.

[*Magistri*] *Petri Lombardi Parisiensis Episcopi Sententiae in IV Libris distinctae.* Editio tertia, 2 t. en 3 vol. (Spicilegium Bonaventurianum, IV/V). Grottaferrata, Editiones Collegii S. Bonaventurae Ad Claras Aquas, 1971/1981.

PIEPER, J., *Philosophia negativa. Zwei Versuche über Thomas von Aquin* (Hochland-Bücherei). Munich, Kösel, 1953.

PIEPER, J., *Verteidigungsrede für die Philosophie*, in: IDEM, *Werke in acht Bänden*, vol. 3: *Schriften zum Philosophiebegriff*, éd. B. WALD. Hambourg, Meiner, 1995, pp. 76-155.

PIEPER, J., *Der Philosophierende und die Sprache*, in: IDEM, *Werke in acht Bänden*, vol. 3: *Schriften zum Philosophiebegriff* (voir titre précédent), pp. 199-211.

PIEPER, J., *Was heißt Interpretation?*, in: IDEM, *Werke in acht Bänden*, vol. 3: *Schriften zum Philosophiebegriff* (voir titre précédent), pp. 212-235.

PINCKAERS, S., O.P., *Notes explicatives*, in: S. THOMAS D'AQUIN, *Somme théologique. Les actes humains. Tome deuxième, 1ᵃ-2ᵃᵉ, questions 18-21* [éd. dite de «La Revue des Jeunes]. Paris/Tournai/Rome, Desclée & Cie; Paris, Éd. du Cerf, nouv. éd., 1966, pp. 155-214.

PLATON, *Œuvres complètes*, t. X: *Timée — Critias*. Texte établi et traduit par A. RIVAUD (Collection des universités de France). Paris, Les Belles Lettres, 1956.

PLATON, *Œuvres complètes*, t. IV, 2ᵉ partie: *Le Banquet*. Notice de L. ROBIN. Texte établi et traduit par P. VICAIRE. Avec le concours de J. LABORDERIE (Collection des universités de France). Paris, Les Belles Lettres, 1989.

PROCLUS, *The Elements of Theology. A Revised Text with Translation, Introduction and Commentary* by E.R. DODDS. Oxford, Clarendon Press, 2ᵉ éd., 1963 (réimpr., 1992).

PRÜMMER, D., O.P. [et M.-H. LAURENT O.P.] (éds), *Fontes vitae S. Thomae Aquinatis, notis historicis et criticis illustrati*. Toulouse, Privat, s.d.

RICHARDSON, W.J., *«Like Straw»: Religion and Psychoanalysis*, in: P.J.M. VAN TONGEREN *et al.* (éds), *Eros and Eris. Contributions to a Hermeneutical Phenomenology. Liber amicorum for Adriaan Peperzak* (Phaenomenologica, 127). Dordrecht/Boston/Londres, Kluwer Academic Publishers, 1992, pp. 93-104.

ROSEMANN, P.W., *Histoire et actualité de la méthode scolastique selon M. Grabmann. Appendice: «Secundum aliquid utrumque est verum»: «Media via» et méthode scolastique chez S. Thomas d'Aquin*, in: J. McEVOY/J. FOLLON (éds), *Actualité de la pensée médiévale* (Philosophes médiévaux, 31). Louvain-la-Neuve, Éditions de l'Institut supérieur de philosophie; Louvain/Paris, Peeters, 1994, pp. 95-118.

ROSEMANN, P.W., *«Homo hominem generat, canis canem, et Deus Deum non generat?» Procréation humaine et filiation trinitaire chez S. Augustin*, in: J. FOLLON/J. McEVOY (éds), *Actualité de la pensée médiévale* (voir titre précédent), pp. 159-170.

ROSEMANN, P.W., *Penser l'Autre: les dimensions de l'altérité selon le P. Joseph de Finance*, in: *Revue philosophique de Louvain*, 92 (1994), pp. 335-347.

ROSEMANN, P.W., *«Omne agens agit sibi simile»: A «Repetition» of Scholastic Metaphysics*. Thèse de doctorat, Louvain-la-Neuve, Institut supérieur de philosophie, 1995.

ROSEMANN, P.W., *Penser l'Autre: l'éthique de la théologie négative*, in: *Revue philosophique de Louvain*, 93 (1995), pp. 408-427.

SAFFREY, H.-D., O.P. (éd.), *Sancti Thomae de Aquino super Librum de causis expositio* (Textus philosophici friburgenses, 4/5). Fribourg, Société philosophique; Louvain, E. Nauwelaerts, 1954.

SCHÖNBERGER, R., *Was ist Scholastik?* (Philosophie und Religion, 2). Hildesheim, Bernward-Verlag, 1991.

SERTILLANGES, A.-D., O.P., *La philosophie morale de saint Thomas d'Aquin*. Paris, Alcan, 2ᵉ éd., 1922.

SÖHNGEN, G., *Sein und Gegenstand. Das scholastische Axiom Ens et verum convertuntur als Fundament metaphysischer und theologischer Spekulation* (Veröffentlichungen des katholischen Institutes für Philosophie Albertus-Magnus-Akademie zu Köln, Bd. II, Heft 4). Münster, Aschendorff, 1930.

STEWART, I., *Dieu joue-t-il aux dés? Les nouvelles mathématiques du chaos*. Préface de B. MANDELBROT, trad. M. ROBERT (Nouvelle bibliothèque scientifique). Paris, Flammarion, 1992.

TARÁN, L. (éd.), *Parmenides. A Text with Translation, Commentary, and Critical Essays*. Princeton, N.J., Princeton University Press, 1965.

TAYLOR, M.C., *Altarity [sic]*. Chicago/Londres, University of Chicago Press, 1987.

TORRELL, J.-P., O.P., *Initiation à saint Thomas d'Aquin: sa personne et son œuvre* (Vestiga. Pensée antique et médiévale, 13). Fribourg (Suisse), Éditions universitaires; Paris, Éd. du Cerf, 1993.

ΤΖΑΒΑΡΑΣ, Γ., *Τὸ ποίημα τοῦ Παρμενίδη*. Ἀθήνα, Δόμος, 1980.

UBAGHS, G.C., *Essai d'idéologie ontologique, ou considérations philosophiques sur la nature de nos idées et sur l'ontologisme en général*. Louvain, Typographie de Vanlinthout et Cⁱᵉ, 1860.

VAN HAUTE, PH., *Psychoanalyse en filosofie. Het imaginaire en het symbolische in het werk van Jacques Lacan*. Louvain, Peeters, 1989.

VANIER, P., S.J., *Théologie trinitaire chez saint Thomas d'Aquin. Évolution du concept d'action notionnelle* (Université de Montréal, Publications de l'Institut d'études médiévales, 13). Montréal, Institut d'études médiévales; Paris, Vrin, 1953.

VERGOTE, A., *Psychanalyse et religion*, in: J. FLORENCE et al., *Psychanalyse. L'homme et ses destins*. Louvain/Paris, Peeters, 1993, pp. 311-338.

WEISHEIPL, J.A., O.P., *Thomas d'Aquin: sa vie, sa pensée, ses œuvres*, trad. Ch. LOTTE (Histoire). Paris, Éd. du Cerf, 1993.

WEIJERS, O., *La «disputatio» à la Faculté des arts de Paris (1200-1350 environ). Esquisse d'une typologie* (Studia Artistarum, 2). Turnhout, Brepols, 1995.

WHYTE, L.L., *The Unconscious before Freud*. Introduced by A. KOEST-LER. Londres, J. Friedmann, 1979.

WILLIAMS, B.A., O.P., *Homosexuality and Christianity: A Review Discussion*, in: *The Thomist*, 46 (1982), pp. 609-625.

YOU, A., O.S.B., *La loi de gradualité: une nouveauté en morale? Fondements théologiques et applications* (Le sycomore). Paris, Lethielleux, 1991.

ZIMMERMANN, A., *Die Erkennbarkeit des natürlichen Gesetzes gemäss Thomas von Aquin*, in: L.J. ELDERS S.V.D./K. HEDWIG (éds), *Lex et Libertas. Freedom and Law according to St Thomas Aquinas* (Studi tomistici, 30). Cité du Vatican, Pontificia Accademia di S. Tommaso e di Religione Cattolica, 1987, pp. 56-66.

TABLE DES MATIERES